Knaur

dich. iss. schlank.

Das Kochbuch

Knaur

URSULA SUMM

dich. iss. schlank.

Das Kochbuch

Meine 160 besten Rezepte zum genussvollen Abnehmen mit der Ideal-Trennkost

www.knaur-ratgeber.de

Inhalt

Prof. Hademar Bankhofer

Trennkost & GLYX: eine geniale Kombination

Ganz im Vertrauen: Sie müssen einmal den Mozzarella-Salat in Basilikumsauce probieren, sollten den Schafskäse in Leinsamenmantel genießen und das Schollenfilet in Orangensahne kennen lernen. Für mich war das Lesen dieses Buches eine Reise in der Welt der erfüllten Träume. Sie wissen das ja selbst: Millionen Menschen wollen abnehmen, versuchen jahrelang alles und sind frustriert, weil es nicht oder nur mühsam funktioniert. Die Gefahr: Irgendwann greifen sie zu einer dubiosen Abspeckpille, die im besten Fall einfach nichts bringt. Oder sie freunden sich mit einer Diät an, die Ihnen einen massiven Jo-Jo-Effekt einbringt.

Also war es an der Zeit, dass jemand ein seriöses und in seiner Zusammenstellung geniales Konzept vorlegt. Dieser Jemand war Ursula Summ. Die Frau ist einfach genial. Endlich predigt jemand eingehend, dass man nur mit reichlich Wassertrinken abnehmen kann. Endlich steht jemand auf und erklärt, wie wichtig fürs Abnehmen das Abbauen von Übersäuerung ist. Endlich erklärt jemand leicht verständlich, dass es verschiedene Kohlenhydrate gibt: solche, die uns gut tun und schlank machen, und solche, die uns in eine Spirale des wachsenden Übergewichts hineinmanövrieren. Und endlich legt jemand großen Wert darauf, dass Abnehmen keine Tortur sein darf, sondern eine Aneinanderreihung von kulinarischen Genüssen sein sollte. Wer auch nur ein einziges Rezept aus dem Buch genießt, wird verstehen, was Ursula Summ meint, wenn sie sagt: »Sie brauchen beim Abnehmen auf Ihre Lieblingsspeisen nicht zu verzichten!«

Ursula Summ ist auch eine mutige Frau mit ihrer interessanten Kombination aus Trennkost und GLYX. Zu beiden werden immer wieder kritische Stimmen laut. Es gibt eine Reihe von Fachleuten, die sagen: Aus ernährungswissenschaftlicher Sicht gibt es keinen wirklichen Grund, warum man bestimmte Gruppen von Nahrungsmitteln beim Essen trennen sollte. Oder: Man kann nicht alle Nahrungsmittel nach dem GLYX einstufen. Solche Einwände und Bedenken mögen ihre Berechtigung haben. Aber nur in der Theorie. Denn für Ursula Summ und ihr iss.dich.schlank.-Programm spricht eine unantastbare Tatsache: Es funktioniert! Wer hilft, hat Recht. Und Ursula Summ hat bereits tausenden und abertausenden Menschen geholfen, endlich das Wunschgewicht zu erreichen.

Ich wünsche Ihnen beim Lesen dieses Buches und beim Umsetzen dieser neuen Schlank-Philosophie viel Spaß und Erfolg.

Herzlichst, Ihr Hademar Bankhofer

iss.dich.schlank.

Liebe Leserinnen, lieber Leser!

Genussvoll essen und dabei auch noch abnehmen – in meinem Buch »iss.dich.schlank.« habe ich Ihnen gezeigt, wie das geht. Zahlreiche Leser-Reaktionen haben mir bestätigt, dass ich damit ins Schwarze getroffen habe, viele haben mir geschrieben, dass es ihnen mit dem iss.dich.schlank.-Prinzip tatsächlich gelungen ist, ihre Ernährung erfolgreich umzustellen. Es kamen auch viele Fragen nach weiteren Rezepten, und daher habe ich dieses Kochbuch geschrieben. Hier finden Sie weitere Rezepte, die zum iss.dich.schlank.-Programm passen – vor allem aber sollen sie Ihnen schmecken und Gaumenfreuden bereiten.

Ich habe viele leckere und leichte Gerichte entwickelt, die auch Berufstätigen voll entgegen kommen, da sie gut vorzubereiten und mitzunehmen sind. Die Rezepte sind einfach nachzukochen und abwechslungsreich, ich habe mich von der italienischen, spanischen, asiatischen und arabischen Küche inspirieren lassen. Ob Gemüse oder Getreide, Fleisch oder Fisch, es ist für jeden Geschmack etwas dabei.

Ein selbst zubereitetes Essen schmeckt allemal besser und ist weitaus gesünder als Fertiggerichte mit Zusatzstoffen. Kochen macht Spaß, und wer selbst kocht, erntet vielfach Bewunderung. Auch wer nicht so geübt ist, muss keine Scheu haben, sich an den Herd zu stellen. Um leckere Gerichte zu kreieren, müssen Sie keine großartige Ausbildung absolvieren, es genügt, ein gewisses Gefühl für das Werdende zu entwickeln, wie es Dan Millman in seinem Buch »Der Pfad des friedvollen Kriegers« so treffend beschreibt: »Du musst lernen das Essen und seine Vorbereitungen zu genießen – den Hunger am Anfang, dann die behutsame Zubereitung, den schön gedeckten Tisch, das erste Kosten, das Kauen, das Atmen, das Riechen, das Schmecken, das Schlucken und hinterher dies unbeschreibliche Gefühl von Leichtigkeit und Energie …«

In diesem Sinne sollen Sie meine Rezepte als Anregung sehen. Die Prinzipien, nach denen die Zutaten gewählt werden, sind in kleinen Theorieteilen übersichtlich zusammengefasst, auf dieser Grundlage können Sie die Rezepte nach Ihren eigenen Ideen und nach Ihrem Geschmack verändern. Freuen Sie sich auf köstliche Gerichte, die Ihnen genussvolle Stunden ohne Reue bereiten werden.

Herzlichst, Ihre Ursula Summ

Der Erfolg meines ersten iss.dich.schlank.-Buches hat meine Erwartungen weit übertroffen. Leser drücken spontan per Internet, Fax, Brief und Telefon ihre Begeisterung aus und berichten nicht nur von der Leichtigkeit des Abnehmens, sondern auch über gesundheitliche Erfolge. Dies macht mich sehr glücklich und gibt mir die Gewissheit, einen Beitrag zum gesünderen Lebensstil geleistet zu haben.

dich. iss. schlank.

Das Konzept

iss. dich. schlank.

Übergewicht – was nun?

Alle Molligen kennen ihn, den Tag, an dem man alles hinwerfen möchte. Die sichtbaren Speckröllchen lassen sich nicht mehr kaschieren, der Spiegel wird zum Feind. Die erwünschte Traumfigur rückt in unendliche Ferne. Man bekommt schlechte Laune, hat das Gefühl unattraktiv zu sein.

Hier hilft nur eins: Sie müssen raus aus der täglichen Routine. Machen Sie sich schlau, schauen Sie sich Ihre bisherigen Ernährungs- und Lebensgewohnheiten genau an, finden Sie heraus, wo der Haken ist. Erfahren Sie, wie der Körper funktioniert, und machen Sie sich dieses Wissen zu Nutze: Verändern Sie Ihre Körperchemie, indem Sie Ihren Stoffwechsel zur größeren Verbrennung anregen. Auf diese Weise knacken Sie Ihre Fettdepots.

Stellen Sie Ihre Ernährung um, programmieren Sie Ihren Körper darauf, dass er Appetit auf das hat, was ihm gut tut. Machen Sie Schluss mit Heißhungerattacken.

Was macht dick?

Sie meinen, das klingt zu einfach? Auch wenn Sie jetzt skeptisch Ihre Stirn runzeln – es gibt ihn, diesen einfachen Weg der Gewichtsabnahme. Dazu müssen wir zuallererst wissen, wovon wir zunehmen. Wir haben gelernt, dass Kalorien und Fett dick machen. Doch Tatsache ist: Trotz kalorien- und fettarmer Ernährung wurden die Menschen der westlichen Ländern nicht schlanker, sondern immer dicker. Gleichzeitig verbreiteten sich verschiedene Stoffwechselerkrankungen wie Arthrose, Gicht, Rheuma, Herz- und Kreislaufstörungen, Magen-Darm-Probleme und besonders Diabetes. Diese Krankheiten bekamen früher fast nur ältere Menschen, heute sind auch junge Menschen betroffen – darunter immer mehr Kinder.

Der Stoffwechsel ist entscheidend

Inzwischen wurde festgestellt, dass die immer größer werdenden Fettpolster dicker Menschen nicht unbedingt das Problem von zu viel Fett und Kalorien sind, sondern sie werden oftmals durch eine Stoffwechselstörung im Kohlenhydrathaushalt hervorgerufen. Die wahren »Dickmacher« sind also unter den Kohlenhydraten zu suchen. Weiterhin hat man herausgefunden, dass Kohlenhydrate nicht gleich Kohlenhydrate sind. Sie müssen in zwei Gruppen unterteilt werden:

- In die erste Gruppe gehören die so genannten komplexen und ballaststoffreichen Kohlenhydrate. Sie enthalten Stärke, Pflanzenfasern und Zellulose und sind in Vollkorngetreide und allen Vollkornprodukten, Gemüse, Salat und Obst zu finden.
- In die zweite Gruppe gehören solche Kohlenhydrate, die als einfach oder denaturiert bezeichnet werden, dies ist vor allem Weißmehl und normaler Haushaltszucker. Diese Kohlenhydrate befin-

den sich beispielsweise in Weißbrot, Keksen, Pizzateig, Saucen, Süßigkeiten, Honig, Limonaden und Bier.

Beide Kohlenhydratgruppen werden im Körper zu Glukose (Traubenzucker) umgewandelt. Da beide aber aus unterschiedlich viel Zuckerbausteinen bestehen, werden sie mit unterschiedlichen Verdauungsgeschwindigkeiten im Blut aufgenommen. So benötigen ballaststoffreiche, wenig verarbeitete Nahrungsmittel mit Kohlenhydraten aus der ersten Gruppe eine längere Aufspaltungszeit als Nahrungsmittel mit denaturierten Kohlenhydraten aus der zweiten Gruppe.

Das Verhängnis nimmt seinen Lauf

Die sofort in Glukose umgewandelten Zuckerbestandteile der zweiten Gruppe lassen die Bauchspeicheldrüse, die für die Insulinproduktion zuständig ist, überaktiv werden. Der plötzliche starke Anstieg des Blutzuckerspiegels hat eine ebenso rasante Ausschüttung von Insulin zur Folge, welches wiederum den Blutzuckerspiegel stark absinken lässt. Ein zu niedriger Blutzuckerspiegel bewirkt ein Hungergefühl – ein fataler Kreislauf.

Zudem regt Insulin die Bildung von Fettsäuren an und führt zur Einlagerung von Fett in den Zellen. Gleichzeitig verhindert Insulin, dass körpereigene Fettdepots geknackt werden können.

Was macht eine gute Abnehm-Methode aus?

- *Heißhunger und übermäßiges Appetitempfinden sollen ausgeschaltet werden.*
- *Die Mahlzeiten sollen gut schmecken und satt machen.*
- *Die täglichen Mahlzeiten müssen gesund sein.*
- *Die Zubereitung muss einfach sein und keinen großen Arbeitsaufwand erfordern.*
- *Die Nahrungsmittel sollten möglichst im Supermarkt erhältlich sein, zu einem annehmbaren Preis.*
- *Ein Teil der Rezepte sollten gut zum Mitnehmen geeignet sein.*
- *Der Abnehmende muss Erfolgserlebnisse haben, damit er motiviert bleibt.*

Frisches Gemüse ist unentbehrlich in der gesunden Küche. Es gibt vielen Gerichten die richtige Basis und tolle Farben.

Die große Regel des Abnehmens

Fazit: Wer abnehmen und dauerhaft schlank bleiben möchte, muss darauf achten, den Insulinspiegel möglichst niedrig zu halten. Denn ein hoher Insulinspiegel sorgt nicht nur für Hungerattacken – solange Insulin im Blut vorhanden ist, kann auch sein Gegenspieler, das Hormon Glukagon, nicht wirken. Doch Glukagon ist entscheidend, denn es aktiviert wichtige Enzyme zum Öffnen der Fettzellen. Ohne Glukagon bleibt das Fett in den Zellen und kann nicht abgebaut werden.

Insulin und GLYX

Der glykämische Index (GLYX) ist eine Messzahl, die besagt, welchen Einfluss einzelne Nahrungsmittel auf den Blutzuckerspiegel haben. Der GLYX gibt an, wie schnell und wie hoch die Blutzuckerkurve beim Verzehr eines Nahrungsmittels ansteigt und wieder abfällt. Oder einfacher: Wie viel Insulin muss die Bauchspeicheldrüse nach dem Genuss einer Speise oder Getränks entwickeln? Der glykämische Index wurde für zahlreiche Nahrungsmittel ermittelt. Dabei ist weniger die genaue Zahl interessant, sondern die Frage, ob der glykämische Index eines Nahrungsmittels hoch, mittel oder niedrig ist:

- Von Lebensmitteln mit einem niedrigen GLYX können Sie reichlich essen – so viel Sie wollen.
- Produkte mit mittlerem GLYX können Sie prinzipiell in moderaten Mengen zu sich nehmen. Wenn Sie aber abnehmen wollen, sollten Sie von diesen Lebensmitteln eher wenig essen.
- Alle Lebensmittel mit hohem GLYX sollten Sie nur in kleinen Mengen genießen. Wer abnehmen will, sollte sie möglichst ganz meiden.

dich. iss. schlank.

GLYX-Tabelle nach Lebensmittelgruppen

Brot und Backwaren

◆ niedriger GLYX

Haferkleiebrot · Haferkleiekekse und ungezuckertes Hafergebäck · ballaststoffreiches Knäckebrot · Mehrkornvollkornbrot (Körner- und Saatenmischung) · Pumpernickel · grobkörniges Roggenvollkornbrot · Sojabrot mit Leinsamen · Vollkornbrot mit Kürbiskernen oder Leinsamen · Vollwert-Reiskräcker

◆ mittlerer GLYX

Pitabrot · Pizza mit Käse · Pizzabrot · Reiskräcker · fein geschrotetes Vollkornbrot

◆ hoher GLYX

Bagels · französisches Baguette · Croissants Biskuits · Butterkekse · Gebäck · Kräcker · Waffeln · Weißbrot/Brötchen

Cerealien

◆ niedriger GLYX

Kleieflocken · Vollkornmüsli ohne Zucker · Vollkornhaferflocken · Weizenkeime

◆ mittlerer GLYX

Fertigmüslis mit Zuckerzusatz · Instant-Haferflocken · Porridge (Haferbrei)

◆ hoher GLYX

Cornflakes · Pops & Co.

Obst

◆ niedriger GLYX

Äpfel · frische Aprikosen · Beeren · Birnen · Grapefruits · Kirschen · Kiwis · Orangen · Pfirsiche · Pflaumen · Trauben

◆ mittlerer GLYX

Ananas · getrocknete Aprikosen · Bananen · Mangos · Melonen · Papayas · Rosinen

Getreide, Teigwaren, Kartoffeln

◆ niedriger GLYX

Bulgur · geschrotete Getreidekörner · Glasnudeln aus Mungobohnen · Teigwaren aus Hartweizen · Vollkornspaghetti

◆ mittlerer GLYX

Basmatireis · Couscous · Gnocchi · Hirse · Kartoffelbrei · Kartoffelchips · Mais (Gemüsemais) · Naturreis · neue Kartoffeln (Pellkartoffeln) · Popcorn · gekochter weißer Langkornreis · Wilder Reis

◆ hoher GLYX

gebackene Kartoffeln · in der Mikrowelle gegarte Kartoffeln · Pommes frites · Kartoffelpulver (Instantprodukt) · gekochter weißer Rundkornreis

Hülsenfrüchte, Nüsse, Keime

◆ niedriger GLYX

Erdnüsse · Hülsenfrüchte · Kidneybohnen · Kürbiskerne · Leinsamen · Linsen · Mandeln · Sesamsaat · Sojabohnen · Sonnenblumenkerne · Walnüsse · weiße Bohnen

Gemüse

◆ niedriger GLYX

Auberginen · Avocado · Blattsalate · Brokkoli · Chicorée · grüne Bohnen · Gurken · Kohlgemüse aller Art · rohe Möhren · Paprika · Pilze · Radieschen/Rettich · Sellerie · Sojasprossen · Spinat · Tomaten · Zucchini · Zwiebeln

◆ mittlerer GLYX

grüne Erbsen · Kürbis · gekochte Möhren · Rote Bete · Trockenerbsen · Zuckermais

Getränke

◆ ohne GLYX

Mineralwasser · Tee und Kaffee ohne Zucker

◆ niedriger GLYX

Apfelsaft · Apfelsaftschorle · Buttermilch · Grapefruitsaft · Sojadrink · Tomatensaft · Trinkmilch · trockener Wein

◆ mittlerer GLYX

Bier · Fruchtsaftgetränke · Orangensaft · Fruchtnektare · Sportgetränke (z. B. isotonische Drinks)

◆ hoher GLYX

Limonaden

Zucker und Süßes

◆ niedriger GLYX

Agavendicksaft · Bitterschokolade (> 70% Kakao) · Fruktose (Fruchtzucker) · Laktose (Milchzucker)

◆ mittlerer GLYX

Ahornsirup · Apfel- und Birnendicksaft · Eiscreme · Haushaltszucker · Honig · Marmelade · Müsliriegel · Schokolade

◆ hoher GLYX

Fruchtgummi · Maltodextrin (Kohlenhydratkonzentrat) · Maltose (Malzzucker) · Traubenzucker

Milchprodukte

◆ niedriger GLYX

Joghurt · Käse · Kefir · Milch · Quark

◆ mittlerer GLYX

Milchprodukte mit Zucker

Nach: Prof. Dr. Michael Hamm: Fit, gesund und schlank mit dem GLYX. Dauerhaft abnehmen mit den richtigen Kohlenhydraten. München 2003.

Wie das iss.dich.schlank.-Konzept funktioniert

Dieses Wissen über die Bedeutung der Kohlenhydrate für den Stoffwechsel ist die Grundlage für das iss.dich.schlank.-Programm. Wer weiß, welche Nahrungsmittel den Insulinspiegel ansteigen lassen und welche nicht, kann seine Ernährung darauf abstimmen.

Zuallererst müssen Sie also Ihre persönliche Reaktion auf Kohlenhydrate herausfinden, und das passiert in der ersten Stufe des iss.dich.schlank.-Programms, in der Startwoche. In dieser Zeit verzichten Sie fast völlig auf Kohlenhydrate und stellen dadurch Ihren Stoffwechsel um. Nachdem der Körper in der zweiten Stufe wieder langsam an – hochwertige – Kohlenhydrate gewöhnt wurde, können Sie zur dritten Stufe übergehen: eine gesunde Dauerernährung, die den Insulinspiegel im Gleichgewicht hält.

Eiweiß – der ideale Schlankmacher

Damit es mit dem Abnehmen klappt, sollten Sie in der ersten und zweiten Stufe eine eiweißreiche Kost bevorzugen. Im Gegensatz zu den Kohlenhydraten erhöht Eiweiß den Blutzucker nicht ungünstig, macht Sie also nicht hungrig, sondern satt. Eiweiß ist im Körper an allen wichtigen Funktionen beteiligt. Es ist der wichtigste Grundbaustein der Zellen und wird besonders zum

Die drei Stufen des iss.dich.schlank.-Genießerplans

Die Startwoche

__1. Stufe:__
Es beginnt mit der Startwoche, in der Sie den Stoffwechsel langsam umstellen und aus der Heißhungerspirale herausführen, indem Sie kohlenhydratarm essen.

Die Schlemmerwoche

__2. Stufe:__
Daran schließt sich die Schlemmerwoche an, in der Sie den Körper langsam wieder an Kohlenhydrate gewöhnen – hauptsächlich jedoch an solche mit niedrigem GLYX.

Das Endlosprogramm

__3. Stufe:__
Fühlen Sie sich damit einigermaßen sicher, können Sie zum Endlosprogramm übergehen – eine Ernährungsform, die auf einen stabilen Insulinspiegel achtet und als Dauerernährung für alle geeignet ist.

iss. dich. schlank.

Muskelaufbau und zur Bildung von neuen Zellen benötigt. Fehlt Eiweiß in der täglichen Ernährung, wird Muskelmasse statt Fettgewebe abgebaut. Eiweiß zählt zu den so genannten Fatburnern, da es Energie benötigt, um abgebaut zu werden. Und diese Energie holt sich der Körper unter anderem aus den Fettzellen.

Ohne Wasser geht gar nichts

Auch wenn Sie keinen Durst haben: Vergessen Sie das Trinken nicht! Genug zu trinken ist besonders wichtig, denn jedes Glas Wasser fördert die Entschlackung und Gewichtsabnahme. Wasser ist uneingeschränkt zu empfehlen, Früchtetees sollten erst ab der zweiten Stufe des Iss.dich.-schlank.-Programms getrunken werden. Kräutertees haben eine arzneiliche Wirkung, darum sollten Sie immer wieder die Sorte wechseln. Verdünnte Obst- oder Gemüsesäfte sind erst ab der dritten Stufe erlaubt. Grundsätzlich zu vermeiden sind Limonaden, Colagetränke, Fruchtnektare, Fruchtsäfte, Isodrinks, Light-Getränke und Alkohol. Kaffee und schwarzen Tee können Sie mit etwas Kaffeesahne in Maßen genießen. Zum Süßen eignet sich Stevia oder Agavendicksaft.

Mit Basenpulver vor Übersäuerung schützen

Um den Körper vor einer Übersäuerung zu schützen, können Sie zusätzlich Basenpulver einnehmen. Dies ist gerade in den ersten beiden Stufen des iss.dich.schlank.-Programms sinnvoll, da durch die Umstellung des Stoffwechsel ein Säureüberschuss entstehen kann. Ich nehme täglich vor dem Schlafengehen 1 Teelöffel Basenpulver, in einem Glas lauwarmem Wasser aufgelöst. Für Basenpulver gibt es verschiedene Zusammenstellungen und Anbieter. Wichtig ist, dass es keinen Milchzucker, keine Süßstoffe oder Zuckeraustauschstoffe enthält. Wo Sie Basenpulver bekommen, steht ebenfalls auf Seite 155 am Ende des Buches. Ich empfehle Ihnen, es dort zu kaufen, wo Sie sich beraten lassen können.

Stevia – gesunde Süße

Stevia – auch Süßkraut genannt – ist eine Pflanze mit hoher Süßkraft. Die frischen Blätter süßen 10- bis 30-mal stärker als Zucker. Die Extrakte der Pflanze können sogar die 300fache Süßkraft von raffiniertem Zucker erreichen, und dies alles ohne Kohlenhydrate und ohne Kalorien. Stevia wird weltweit angebaut und ist in Amerika und Asien schon lange als Lebensmittel freigegeben, Europa wartet immer noch darauf. Doch auch wenn es nicht als Lebensmittel deklariert werden kann, darf Stevia in Europa verkauft werden – nur ohne Hinweis auf seine Süßkraft. Verschiedene Diabetikerkliniken empfehlen ihren Patienten Stevia. Sie erhalten Stevia in flüssiger und in Pulverform. Probieren Sie aus, womit Sie besser zurechtkommen. Bezugsadressen für Stevia finden Sie im Anhang auf Seite 155.
Ein kleiner Tipp: Probieren Sie Stevia nicht pur, sondern nur verdünnt. Pur schmeckt es, ähnlich wie Süßstoff, sehr bitter.

Die Grundprinzipien des Programms

Hier finden Sie die Grundprinzipien des iss.dich.schlank.-Programms in zehn Geboten zusammengefasst. Die Ernährungsregeln sind bei den Rezepten in diesem Kochbuch berücksichtigt. Auf die beiden letzten Gebote wird hier nur am Rande eingegangen, sie wurden im ersten iss.dich.schlank.-Buch ausführlich erläutert.

Die zehn iss. dich. schlank. Gebote

1. Streben Sie einen ausgeglichenen Blutzuckerspiegel an

Meiden Sie Kohlenhydrate, die den Blutzuckerspiegel übermäßig in die Höhe treiben.

2. Essen Sie die »richtigen« Kohlenhydrate

Essen Sie überwiegend Kohlenhydrate, die einen mittleren bzw. niedrigen GLYX aufweisen.

3. Bremsen Sie den Heißhunger aus

Meiden Sie Nahrungsmittel, die im Körper Heißhunger auslösen.

4. Verwenden Sie nur hochwertige Fette

Streichen sie fettes Fleisch, fette Wurst, gesättigte und gehärtete Fette vom Speiseplan.

5. Kombinieren Sie clever – denken Sie um

Kombinieren Sie nur solche Nahrungsmittel, die sich miteinander gut vertragen (welche das sind, sehen Sie im iss.dich.schlank.-Kombiplan auf Seite 74–77).

6. Essen Sie Süßes

Süßigkeiten sind erlaubt – aber bitte keine, die den Blutzucker erhöhen. Verwenden Sie Stevia, Fruchtzucker oder Agavendicksaft als Alternative zum Zucker.

7. Trinken Sie ausreichend

Acht Gläser Wasser täglich helfen dem Stoffwechsel auf die Sprünge.

8. Achten Sie auf Kalium

Entwässern auf natürliche Art: Salate, Gemüse, Rohkost und Obst bieten aufgrund des hohen Kaliumgehaltes die ideale Voraussetzung, um abzunehmen.

9. Bewegen Sie sich

Jede Art von Bewegung lässt Körperfett schmelzen und verhilft Ihnen zu einem leichteren Leben.

10. Tun Sie etwas für sich

Machen Sie es sich zur Lebensaufgabe, glücklich zu sein, und Sie werden sich wundern, wie viel besser und schöner Ihr Leben sein wird.

iss. dich. schlank.

Die Startwoche

dich. iss. schlank.

Verändern Sie Ihr Appetitempfinden

Wenn Sie der angegebenen Strategie folgen und Ihr Insulinspiegel niedrig und ohne große Schwankungen ist, werden Sie sehr schnell feststellen, dass sich Ihr Appetitempfinden und Hungergefühl verändert hat. Endlich haben Sie Ihre Nahrungsaufnahme im Griff, die Heißhungeranfälle auf Süßes, Salziges und Fettes sind vorbei.

Damit dieser Zustand anhält, sollten Sie sich auch weiterhin von allen Nahrungsmitteln fernhalten, die den Insulinspiegel in die Höhe schnellen lassen. Dazu gehört alles, was offensichtlich Zucker enthält, wie Schokolade, Kuchen, Plätzchen, Süßigkeiten, Honig und Marmelade. Aber auch dem versteckten Zucker sollten Sie nicht auf den Leim gehen: Fertiggerichte, eingelegte Gurken, Sojasaucen, Sweet Chilisaucen, Fruchtjoghurts, Puddings, Sorbets, gesüßte Kakaosorten und alkoholische Getränke enthalten ebenfalls Zucker – werfen Sie häufiger mal einen Blick auf die Liste der Inhaltsstoffe.

Tomaten enthalten nur wenig Kohlenhydrate. Sie sind eine leckere Zwischenmahlzeit – ganz nach Belieben mit Salz und Pfeffer oder Kräutersalz gewürzt.

Täglich nicht mehr als 20 Gramm Kohlenhydrate

Achten Sie unbedingt darauf, dass Sie in der ersten Woche, der Startwoche, täglich nicht mehr als 20 Gramm Kohlenhydrate zu sich nehmen. In der Lebensmitteltabelle für die Startwoche (Seite 21) und bei den einzelnen Gerichten finden Sie genaue Angaben zum Gehalt an Kohlenhydraten einzelner Nahrungsmittel bzw. der Gerichte.

Die Wochenpläne sind Vorschläge

Für jede der drei Stufen gibt es einen beispielhaften Wochenplan. Dieser ist jeweils als Vorschlag gedacht, er soll Ihnen zeigen, wie Sie Ihre Speisen zusammenstellen können. Vereinfachen Sie diese Pläne nach eigenem Ermessen. Bereiten Sie beispielsweise die »Griechischen Käsehackbällchen« in doppelter Menge zu und machen Sie zwei Mahlzeiten daraus. Oder wählen Sie andere Rezepte aus – ganz nach Ihrem Belieben. Bei Zeitmangel kaufen Sie sich frischen Räucherfisch und essen ein Stück Salatgurke dazu. Die Pläne sollen Ihnen auch zeigen, dass Sie im Restaurant oder in der Kantine ruhig eine Portion Fleisch oder Fisch mit Salat essen können oder auch ein halbes Hähnchen an der Pommesbude (natürlich ohne Pommes).

Lebensmitteltabelle für die iss.dich.schlank.-Startwoche

KOHLENHYDRATFREIE NAHRUNGSMITTEL

Fleisch

Bratenfleisch · Steaks · Rouladen · Schnitzel · Gulasch · Hackfleisch vom Rind · Kalb · Lamm · Geflügel · Wild · Fleischfond (möglichst kein Schweinefleisch!)

Wurstwaren

Corned beef · Geflügelfleischwurst · Putenlachsschinken · Truthahnaufschnitt · Lamm- und Rindersalami (Vorsicht: einige Wurstwaren enthalten Kohlenhydrate)

Fisch und Meeresfrüchte

Brasse · Flunder · Forelle · Hering · Heilbutt · Kabeljau · Krebs · Lachs · Langusten · Rotbarsch · Scholle · Seelachs · Seeteufel · Steckmuscheln · Thunfisch · unpanierter Tintenfisch · Fischfond (keine Algen oder Austern)

Fette

Butter · Butterschmalz · ungehärtetes Kokosfett Distelöl · Kürbiskernöl · Sonnenblumenöl · Olivenöl · Rapsöl · Walnussöl · Leinöl · ungehärtete Reformhaus-Margarine · Mayonnaise (Vorsicht: Mayonnaise enthält Eier und daher Spuren von Kohlenhydraten)

Sonstiges

Agavendicksaft in kleinen Mengen · Bäckerhefe · Biobin · weiße und rote Gelatine · zuckerfreie Götterspeise · koffeinfreier Kaffee · heller Leinsamen · teeinfreier Tee

NAHRUNGSMITTEL MIT SPUREN VON KOHLENHYDRATEN

Käse

Appenzeller · Bergkäse · Blauschimmelkäse · Camembert · Edamer · Emmentaler · Frischkäse · körniger Frischkäse · Gouda · Harzer · Limburger · Lindenberger Hartkäse · Mozzarella · Parmesan · Rottaler · Schafskäse · Tilsiter · Wörishofener Doppelrahmschnittkäse

Eier

Eier in jeder Form und Zubereitungsart: gekochte, gefüllte, pochierte Eier · Omelett · Rühreier · Spiegeleier

Pilze

Austernpilze · Birkenpilze · Butterpilze · Champignons · Hallimasch · frische Pfifferlinge · Rotkappen · frische Steinpilze

NAHRUNGSMITTEL MIT NIEDRIGEN KOHLENHYDRATWERTEN

◆ Alle Kohlenhydratwerte beziehen sich auf 100 Gramm bzw. 100 Milliliter eines Lebensmittels. ◆ Erlaubt sind alle Gewürze, Vanille und andere Extrakte, die keinen Zucker enthalten. ◆ Achten Sie unbedingt auf die vorgeschriebenen Mengen in den einzelnen Rezepten. ◆ Bei Tiefkühlkost können Sie sich nach den Angaben auf der Packung richten.

Alfalfa-Sprossen	2,2 g
Apfelessig	0,6 g
Avocado	0,4 g
Balsamessig	23,0 g
Bambussprossen	0,5 g
Basilikum	5,0 g
Blumenkohl	2,3 g
Brühe, fett	0,8 g
Chicorée	2,3 g
Chinakohl	1,2 g
Dill	5,0 g
Eichblattsalat	1,7 g
Endivien	0,3 g
Feldsalat	0,7 g
Gemüsebrühe, klare, instant	1,3 g
Gemüsefond	1,3 g
Gurke	1,8 g
Kopfsalat	1,1 g
Lauch	2,5 g
Limone	3,8 g
Meerrettich (Glas)	7,3 g
Mungobohnensprossen	1,8 g
Oliven, grün	1,8 g
Oregano	5,0 g
Papaya	2,4 g
Paprikaschote, grün	2,9 g
Peperoni, grün	2,9 g
Petersilie	7,3 g
Radicchio	1,5 g
Radieschen	2,0 g
Rauke/Rucola	9,1 g
Rettich	1,9 g
Rosmarin	5,0 g
Sauerampfer	2,1 g
Sauerkraut	0,6 g
Schnittlauch	1,6 g
Senf	6,0 g
Spargel, gekocht	1,6 g
Spinat	0,6 g
Stangensellerie	2,2 g
Thymian	6,0 g
Tomaten	2,6 g
Zitrone	3,8 g
Zucchini	2,0 g
Zwiebel	4,9 g

Wochenplan für die Startwoche

	Frühstück	Snack
ERSTER TAG Montag	Gurkentatar mit Mozzarella 2,1 g Kohlenhydrate **Seite 25**	300 g Salatgurke 5,4 g Kohlenhydrate
ZWEITER TAG Dienstag	Hessischer Wurstsalat 2,8 g Kohlenhydrate **Seite 27**	150 g grüne Paprika 4,4 g Kohlenhydrate
DRITTER TAG Mittwoch	200 g Fenchel 5,6 g Kohlenhydrate	100 g Hüttenkäse 4 g Kohlenhydrate
VIERTER TAG Donnerstag	100 g Erdbeeren + 100 g Joghurt 9,7 g Kohlenhydrate	Griechische Käsehack- bällchen 0,5 g Kohlenhydrate **Seite 28**
FÜNFTER TAG Freitag	Radieschen-Käse-Snack 2,2 g Kohlenhydrate **Seite 25**	Omelett-Pilz-Salat 0,4 g Kohlenhydrate **Seite 26**
SECHSTER TAG Samstag	100 g grüne Paprika mit 200 g körnigem Frischkäse 2,9 g Kohlenhydrate	Matjeshappen 2,8 g Kohlenhydrate **Seite 43**
SIEBTER TAG Sonntag	Lachsröllchen 2,8 g Kohlenhydrate **Seite 42**	100 g Radieschen mit 80 g Käse 2,0 g Kohlenhydrate

Mittagessen	Snack	Abendessen
Krabben-Eier-Salat auf Endivien 2,6 g Kohlenhydrate **Seite 41**	1/2 Avocado 0,6 g Kohlenhydrate	Würziges Rosmarin-hähnchen 4,5 g Kohlenhydrate **Seite 36**
Schwertfisch-Zucchini-Salat mit Feta 4,1 g Kohlenhydrate **Seite 38**	Hessischer Wurstsalat 2,8 g Kohlenhydrate **Seite 27**	Lachstaler auf Blattspinat 5,2 g Kohlenhydrate **Seite 41**
Hähnchenbrust in Pfeffersauce mit Salat 4,0 g Kohlenhydrate **Seite 37**	Käsesalat mit scharfem Olivendressing 2,6 g Kohlenhydrate **Seite 30**	Italienischer Endivienauflauf 3,6 g Kohlenhydrate **Seite 35**
Gemischter Räucherfisch-salat 5,0 g Kohlenhydrate **Seite 38**	200 g frisches Sauerkraut 1,2 g Kohlenhydrate	Schafskäse im Leinsamenmantel 3,2 g Kohlenhydrate **Seite 33**
Pfeffersteak in Pilzrahm 2,2 g Kohlenhydrate **Seite 35**	100 g Himbeeren + 100 g Sahne 9,1 g Kohlenhydrate	Würzfisch mit Sprossengemüse 2,3 g Kohlenhydrate **Seite 39**
Salami-Sauerkraut mit Würstchen 3,0 g Kohlenhydrate **Seite 34**	Götterspeise mit 50 g Sahne 1,7 g Kohlenhydrate	Käse-Spargel-Tortilla mit Blattsalat 5,0 g Kohlenhydrate **Seite 33**
Putengeschnetzeltes in Curry 2,5 g Kohlenhydrate **Seite 37**	200 g Kefir 6,4 g Kohlenhydrate	Gefüllte Champignons 5,0 g Kohlenhydrate **Seite 34**

Gurkentatar mit Mozzarella (Foto)

1 Die Gurke schälen, der Länge nach vierteln, die Kerne entfernen und das Fruchtfleisch in kleine Würfel schneiden. Dill waschen, trockenschütteln und fein hacken.
2 Den Mozzarella abtropfen lassen und in Scheiben schneiden. Gurkenwürfel zusammen mit dem Käse auf einem Teller anrichten.
3 Mit Essig, Pfeffer und Salz würzen und mit dem gehackten Dill bestreuen.

Der iss.dich.schlank.Tipp

Zum Mitnehmen mischen Sie Essig, Pfeffer, Salz und Dill mit den Gurkenwürfeln und verpacken den Salat in eine kleine Plastikdose. Den Mozzarella erst am Arbeitsplatz aufschneiden und mit den Gurken anrichten. Statt Mozzarella können Sie auch körnigen Frischkäse verwenden.

ZUTATEN
100 g Gurke
1 kleiner Zweig Dill
125 g Mozzarella
1 TL Essig
Pfeffer
Meersalz

♦ SNACK
Für 1 Portion
2,1 g Kohlenhydrate

Radieschen-Käse-Snack

1 Die Radieschen putzen, auf einer Küchenreibe grob raspeln und leicht salzen. Den Schnittlauch waschen, trockenschütteln und in Röllchen schneiden. Den Käse in kleine Würfel schneiden.
2 Käsewürfel mit dem Frischkäse und den Radieschenraspeln vermischen. Mit Cayennepfeffer würzen und den Schnittlauchröllchen bestreuen.

Der iss.dich.schlank.Tipp

Der Radieschen-Käse-Snack eignet sich ideal als kleine Nascherei am Arbeitsplatz. Wenn es schnell gehen muss, können Sie die gewaschenen und geputzten Radieschen zusammen mit den Käsewürfeln direkt aus der Hand essen. Den Frischkäse essen Sie anschließend. Statt Tilsiter können Sie auch eine andere Käsesorte wählen, z. B. Gouda oder Fol Epi.

ZUTATEN
100 g Radieschen
Meersalz
10 Stängel Schnittlauch
60 g Käse (z.B. Tilsiter)
150 g körniger Frischkäse
1 Msp. Cayennepfeffer

♦ SNACK
Für 1 Portion
2,2 g Kohlenhydrate

dich. iss. schlank.

Omelett-Pilz-Salat

ZUTATEN
100 g frische Pilze (z.B. Pfifferlinge oder Champignons)
3 TL Sonnenblumenöl
frisch gemahlener Pfeffer
Meersalz
30 g Rinderschinken
2 Eier
2 EL Mineralwasser
1 TL Essig
1 EL Schnittlauchröllchen

♦ SNACK
Für 1 Portion
0,4 g Kohlenhydrate

1 Die Pilze putzen, abreiben und in kleine Stücke schneiden. 1 Teelöffel Öl in einer beschichteten Pfanne erhitzen und die Pilze darin unter Rühren etwa 8 Minuten kräftig braten. Mit Pfeffer und Salz würzen, dann die Pilze aus der Pfanne nehmen und auskühlen lassen.
2 Den Schinken in kleine Würfel schneiden. Die Eier mit dem Mineralwasser verquirlen und leicht salzen. Das restliche Öl erhitzen und die Schinkenwürfel darin kurz anbraten.
3 Die Eier zum Schinken in die Pfanne gießen und zugedeckt bei schwacher Hitze zu einem festen Omelett braten. Danach auskühlen lassen, grob würfeln und mit den Pilzen mischen.
4 Für das Dressing den Essig mit 2 Esslöffel Wasser verrühren, mit Pfeffer und Salz würzen. Das Dressing über den Salat gießen, vorsichtig unterheben und alles mit den Schnittlauchröllchen bestreuen.

Scharfe Pilz-Frittata

ZUTATEN
100 g Austernpilze
1/2 kleine Chilischote
1 kleine Knoblauchzehe
1 TL Olivenöl
2 große Eier
2 EL Mineralwasser
Pfeffer
Meersalz

♦ SNACK
Für 1 Portion
0,2 g Kohlenhydrate

1 Die Austernpilze putzen und in Streifen schneiden. Die Chilischote putzen, waschen und in sehr feine Ringe schneiden, dabei die Kerne entfernen. Den Knoblauch schälen und in feine Streifen schneiden.
2 Das Öl in einer beschichteten Pfanne erhitzen, Pilze, Chili und Knoblauch darin unter Rühren bei mittlerer Hitze 5 bis 7 Minuten anbraten.
3 Die Eier mit dem Mineralwasser verquirlen und alles mit Pfeffer und Salz würzen. Die Eier über die Pilze gießen und zugedeckt bei schwacher Hitze 2 bis 3 Minuten stocken lassen. Zwischendurch die Pfanne hin und her rütteln, damit nichts anbackt. Die Frittata mit Hilfe eines flachen Topfdeckels wenden, wieder zudecken und weitere 2 bis 3 Minuten garen. Die Frittata warm oder kalt servieren.

Zucchini-Schinken-Spieker

1 Zucchini waschen, putzen und in etwa 1,5 x 6 Zentimeter dicke Streifen schneiden. Das Öl in einer beschichteten Pfanne erhitzen und die Zucchinistreifen darin rundum anbraten. Mit Pfeffer und Salz würzen und auskühlen lassen.
2 Die Zucchinistreifen einzeln auf den Schinken legen und zusammenrollen. Mit Holzspießchen befestigen.

Der iss.dich.schlank.Tipp

Eine feine Variante ist ein Zucchini-Schinken-Auflauf. Dazu geben Sie die fertigen Röllchen in eine Auflaufform und bestreuen sie mit 40 Gramm frisch gehobeltem Parmesan. Das Ganze wird im Backofen bei 175 °C 10 bis 12 Minuten überbacken.

ZUTATEN
100 g Zucchini
1 EL Olivenöl
Pfeffer
Salz
10 kleine Scheiben roher Rinder- oder Lammschinken

♦ SNACK
Für 1 Portion
2,0 g Kohlenhydrate

Hessischer Wurstsalat

1 Die Wurst in feine Streifen schneiden. Die Gurke fein hacken, beides in einer Schüssel mischen.
2 Die Zwiebel schälen und fein würfeln. Petersilie waschen, trockenschütteln und ebenfalls fein hacken.
3 Den Essig mit Öl und 1 Esslöffel Wasser vermischen. Die Zwiebelwürfel zugeben und mit Pfeffer und Salz würzen. Das Dressing über den Salat gießen und alles mit der Petersilie bestreuen.

Der iss.dich.schlank.Tipp

Bereiten Sie den Wurstsalat gleich in doppelter Menge zu, dann haben Sie für den nächsten Tag ausreichend Proviant. Gut verschlossen und gekühlt hält er sich 1 bis 2 Tage.
Wenn Sie nur kleine Mengen brauchen, sind gehackte Zwiebeln aus der Tiefkühltruhe praktisch.

ZUTATEN
150 g Geflügelfleischwurst
100 g Gewürzgurke
1/2 Zwiebel (20 g)
1 Zweig Petersilie
1 TL Essig
1 TL Sonnenblumenöl
Pfeffer
Meersalz

♦ SNACK
Für 1 Portion
2,8 g Kohlenhydrate

ZUTATEN
1 Knoblauchzehe
180 g Rinderhackfleisch
50 g Schafskäse
frisch gemahlener Pfeffer
Salz
1 TL getrockneter Thymian
1 TL fein gehackter Rosmarin
1 EL Olivenöl

♦ SNACK
Für 1 Portion
0,5 g Kohlenhydrate

Griechische Käsehackbällchen

1 Den Knoblauch schälen und durch eine Presse drücken. Das Hackfleisch mit dem Schafskäse verkneten, Pfeffer, Salz, Thymian, Rosmarin und Knoblauch zugeben und alles gut mischen. Aus dem Fleischteig kleine Kugeln formen.
2 Das Öl in einer beschichteten Pfanne erhitzen und die Hackbällchen darin bei mittlerer Hitze in 8 bis 10 Minuten rundum braun braten.

DER iss.dich.schlank. TIPP

Bereiten Sie gleich die doppelte Menge zu und frieren Sie einen Teil der Hackbällchen ein. So haben Sie immer einen kleinen Snack im Vorrat.
Die Hackbällchen schmecken warm und kalt und sind daher auch sehr gut zum Mitnehmen geeignet.

Putenbrustsalat mit Curry

ZUTATEN
10 Stängel Schnittlauch
4 Radieschen
50 g Joghurt
1 EL Crème fraîche
1 TL Currypulver
100 g geräucherte Putenbrust

♦ SNACK
Für 1 Portion
3,5 g Kohlenhydrate

1 Den Schnittlauch waschen, trockenschütteln und in Röllchen schneiden. Die Radieschen putzen und in feine Stifte schneiden.
2 Die Hälfte des Schnittlauchs und die Radieschen in einer kleinen Schüssel mit Joghurt, Crème fraîche und Currypulver verrühren.
3 Die Putenbrust in kleine Würfel schneiden und untermischen. Alles mit den restlichen Schnittlauchröllchen bestreuen und servieren.

Der iss.dich.schlank. Tipp

Der Putenbrustsalat lässt sich, in eine fest verschließbare Plastikdose gefüllt, prima mit an den Arbeitsplatz nehmen. Gut gekühlt hält er sich 1 bis 2 Tage frisch. Statt der geräucherten Putenbrust können Sie auch eine andere Wurstsorte oder Bratenfleisch wählen.

Wurst-Carpaccio mit Knoblauch-Chili-Vinaigrette

ZUTATEN
1 Zweig Petersilie
1 Knoblauchzehe
1/2 kleine Chilischote
1 EL Essig
1 EL Öl (z.B. Sesamöl)
Meersalz
100 g dünn geschnittene Wurst (z.B. geräucherte Putenbrust)

♦ SNACK
Für 1 Portion
0,8 g Kohlenhydrate

1 Petersilie waschen, trockenschütteln und fein hacken. Den Knoblauch schälen und durch eine Presse drücken, die Chilischote waschen und sehr fein hacken, dabei die Kerne entfernen.
2 Essig mit Öl und 1 Esslöffel Wasser verrühren. Petersilie, Knoblauch und Chili unterrühren und die Vinaigrette mit Salz fein würzen.
3 Die Wurstscheiben fächerartig auf einen Teller legen, mit der Vinaigrette beträufeln und servieren.

ZUTATEN
50 g Radieschen
1 kleine Gewürzgurke
100 g Käse (z.B. Appenzeller oder Gouda)
5 grüne Oliven ohne Stein
1 TL Essig, 1 EL Olivenöl
1/2 TL Senf
1 Msp. Cayennepfeffer
Kräutersalz
1 TL Paprikapulver
1 TL gehackte Petersilie

♦ SNACK
Für 1 Portion
2,6 g Kohlenhydrate

Käsesalat mit scharfem Olivendressing

1 Die Radieschen putzen und in Scheiben schneiden, die Gurke fein hacken. Den Käse in kleine Würfel schneiden und alles in einer kleinen Schüssel mischen.
2 Für das Dressing die Oliven fein würfeln. Essig, Öl und Senf mit 2 Esslöffel Wasser verrühren. Die Olivenwürfel untermischen und die Sauce mit Cayennepfeffer und Kräutersalz kräftig würzen.
3 Das Dressing über den Käsesalat gießen und alles mit dem Paprikapulver und der gehackten Petersilie bestreuen.

Der iss.dich.schlank.Tipp

Zum Mitnehmen verpacken Sie den Käsesalat ohne Sauce in eine gut verschließbare Plastikbox. Das Dressing füllen Sie in ein kleines Schraubglas. Mischen Sie beides erst kurz vor dem Essen und richten Sie den Käsesalat auf einem flachen Teller an.

ZUTATEN
30 g Feldsalat
125 g Mozzarella
1 Zweig Basilikum
1 EL Olivenöl
1 TL Apfelessig
1 EL geriebener Parmesan
Cayennepfeffer
Salz

♦ SNACK
Für 1 Portion
0,8 g Kohlenhydrate

Mozzarellasalat mit Basilikumsauce

1 Den Feldsalat putzen und sorgfältig waschen. Den Mozzarella abgießen, kurz trockentupfen und in kleine Stücke schneiden. Basilikum waschen, von den Stielen zupfen und fein hacken.
2 Das Öl mit Essig und 2 Esslöffel Wasser mischen. Mit dem gehackten Basilikum und dem Parmesan verrühren. Mit Cayennepfeffer und Salz würzen und mit dem Feldsalat servieren.

iss. dich. schlank.

Salami-Käse-Häppchen

ZUTATEN
50 g Rindersalami
50 g Käse am Stück
(z.B. Butterkäse, Harvarti)
5 grüne Oliven ohne Stein

♦ SNACK
Für 1 Portion
0,6 g Kohlenhydrate

1 Salami und Käse in gleich große Stücke schneiden. Je ein Stück Salami, einen Würfel Käse und eine Olive mit einem Holzspießchen zusammenstecken.
2 Die Häppchen auf einem Teller anrichten und servieren.

Der iss.dich.schlank. Tipp

Statt der Salami können Sie auch in kleine Stücke geschnittene Geflügelwurst nehmen. Geflügelwurst ist zudem eine gute Alternative zu handelsüblicher Wurst aus Schweinefleisch, weil sie weniger Fett enthält. Inzwischen gibt es in jedem Supermarkt ein reichhaltiges Angebot, sowohl abgepackt als auch an der Wursttheke.

Marinierter Camembert auf Endiviensalat

ZUTATEN
150 g Endiviensalat
1/2 Zwiebel (20 g)
1 Knoblauchzehe
2 EL Sahne
1 TL Apfelessig
1 TL Kümmel
100 g Camembert
1 TL Paprikapulver

♦ SNACK
Für 1 Portion
2,4 g Kohlenhydrate

1 Den Salat putzen, waschen und in sehr feine Streifen schneiden.
2 Zwiebel und Knoblauch schälen und beides fein hacken. Sahne mit Essig, Kümmel und 2 Esslöffel Wasser mischen, in einer kleinen Schüssel mit den Zwiebel- und Knoblauchwürfeln verrühren.
3 Den Camembert in Stücke schneiden und mit der Marinade vermischen. Den Käse kurz ziehen lassen, dann den marinierten Camembert auf dem Endiviensalat servieren und mit dem Paprikapulver bestreuen.

Schafskäse im Leinsamenmantel

1 Den Salat putzen, waschen, abtropfen lassen und in mundgerechte Stücke zerpflücken. Die Blätter auf einer Platte anrichten, mit 1 Teelöffel Öl und dem Essig beträufeln und mit Pfeffer und Salz leicht würzen. Den Schnittlauch waschen, trockenschütteln und in Röllchen schneiden.
2 Das Ei mit einer Gabel kräftig aufschlagen. Den Schafskäse in 3 dicke Streifen schneiden, erst im Ei dann im Leinsamen wenden.
3 Das restliche Öl in einer beschichteten Pfanne erhitzen, den Käse bei starker Hitze rundum braten, dann beiseite schieben. Die restliche Eimasse in die Pfanne gießen und stocken lassen. Käse und Ei auf dem Salat anrichten und mit den Schnittlauchröllchen bestreuen.

ZUTATEN
250 g grüner Salat
3 TL Öl, 1 TL Essig
Pfeffer, Meersalz
10 Stängel Schnittlauch
1 Ei
125 g Schafskäse
3 TL gelber Leinsamen

♦ HAUPTGERICHT
Für 1 Portion
3,2 g Kohlenhydrate

Käse-Spargel-Tortilla mit Blattsalat (Foto)

1 Spargel schälen und in 1 Zentimeter dicke Stücke schneiden. In kochendem Salzwasser in 10 bis 12 Minuten bissfest garen, aus dem Wasser nehmen und gut abtropfen lassen.
2 Den Schinken in kleine Würfel schneiden. 1 Teelöffel Öl in einer kleinen beschichteten Pfanne erhitzen, den Schinken darin 1 Minute anbraten. Spargel zugeben und unter Rühren 1 Minute mitbraten.
3 Die Eier mit dem Mineralwasser verquirlen, den Käse unterrühren und alles mit Pfeffer und Salz würzen. Die Eier über das Gemüse gießen und die Tortilla zugedeckt bei schwacher Hitze 2 bis 3 Minuten stocken lassen. Zwischendurch die Pfanne hin und her rütteln, damit nichts anbackt. Mit Hilfe eines großen flachen Topfdeckels wenden und zugedeckt weitere 2 bis 3 Minuten garen.
4 Den Salat putzen, waschen, abtropfen lassen und in mundgerechte Stücke zerpflücken. Die Blätter auf einem Teller anrichten, mit dem restlichen Öl und mit dem Essig beträufeln, leicht salzen und pfeffern.
5 Den Salat mit den Schnittlauchröllchen bestreuen und zusammen mit der heißen Käse-Tortilla servieren.

ZUTATEN
150 g Spargel
Meersalz
30 g roher Rinder- oder Lammschinken
2 TL Sonnenblumenöl
2 große Eier
2 EL Mineralwasser
2 EL geriebener Käse (z.B. Greyerzer, Gouda oder Emmentaler)
Pfeffer
200 g Kopfsalat
1 TL Essig
1 EL Schnittlauchröllchen

♦ HAUPTGERICHT
Für 1 Portion
5,0 g Kohlenhydrate

Überbackene Champignons

ZUTATEN
6 große Champignons
1 kleine Zwiebel (40 g)
100 g geräucherte Putenbrust
300 g Sauerkraut
1 TL Butter
1 Msp. Cayennepfeffer
Meersalz
3 EL Sahne
Käse (z.B. Greyerzer, Gouda oder Mozzarella)

♦ HAUPTGERICHT
Für 1 Portion
5,0 g Kohlenhydrate

1 Die Champignons putzen und abreiben. Die Stiele herausdrehen und fein hacken. Die Zwiebel schälen und fein würfeln. Das Fleisch in kleine Würfel schneiden. Das Sauerkraut etwas zerkleinern. Den Backofen auf 180 °C vorheizen.
2 Die Butter in einer Pfanne schmelzen, die gehackten Champignonstiele, Zwiebel- und Fleischwürfel darin 3 Minuten unter Rühren kräftig anbraten. Das Sauerkraut zugeben, alles vermischen und weitere 3 Minuten dünsten. Mit Cayennepfeffer und Salz würzen und die Sahne unterrühren.
3 Einen Teil des Gemüses in die Pilzköpfe füllen, den Rest in eine Auflaufform geben. Die gefüllten Pilze auf das Gemüse setzen und den Käse darüber streuen. Im Backofen in 12 bis 15 Minuten überbacken, bis der Käse leicht gebräunt ist.

Der iss.dich.schlank. Tipp

Probieren Sie das gleiche Gericht mit Hackfleisch aus. Braten Sie das Hackfleisch krümelig an und geben Sie erst dann die restlichen Zutaten dazu. Mit frisch geriebenem Parmesan bestreut, erhält es noch eine besondere Note.

Salami-Sauerkraut mit Würstchen

ZUTATEN
1/2 Zwiebel (20 g)
20 g Rindersalami
300 g Sauerkraut
1 TL Sonnenblumenöl
3 Wacholderbeeren
2 Geflügelbrühwürstchen
1 TL Senf

♦ HAUPTGERICHT
Für 1 Portion
3,0 g Kohlenhydrate

1 Die Zwiebel schälen und fein hacken. Die Salami in kleine Würfel schneiden. Das Sauerkraut klein schneiden.
2 Das Öl in einem Topf erhitzen. Zwiebel- und Salamiwürfel darin bei schwacher Hitze anbraten. Sauerkraut und Wacholderbeeren zufügen und unter ständigem Rühren leicht anbraten.
3 50 Milliliter Wasser zufügen und das Sauerkraut zugedeckt 5 bis 7 Minuten köcheln lassen. Die Brühwürstchen zwischen das Kraut legen und zugedeckt 10 Minuten ziehen lassen. Sauerkraut mit Würstchen und Senf auf einem Teller anrichten und sofort servieren.

iss. dich. schlank.

Pfeffersteak in Pilzrahm

1 Die Pilze putzen, abreiben und in Streifen schneiden. Die Zwiebel schälen und fein würfeln. Das Fleisch kalt waschen und mit Küchenpapier trockentupfen.
2 Das Öl in einer beschichteten Pfanne erhitzen, das Steak darin von jeder Seite 3 bis 4 Minuten braten, mit Salz würzen. Die Pfefferkörner zugeben und in der Pfanne kurz schwenken. Fleisch und Pfefferkörner aus der Pfanne nehmen, in Alufolie wickeln und warm stellen.
3 Pilze und Zwiebeln im restlichen Bratfett unter Rühren bei starker Hitze 5 Minuten braten. Mit Salz würzen und mit der Sahne ablöschen. Steak und Pfefferkörner zu den Pilzen geben und heiß servieren.

Der iss.dich.schlank. Tipp

Dieses Gericht lässt sich auch sehr gut im Wok zubereiten. Das Fleisch nach dem Garprozess einfach an den Pfannenrand schieben, dann die Pilze braten und anschließend alles mischen.

ZUTATEN
250 g gemischte Pilze (z.B. Austernpilze oder Champignons)
1/2 Zwiebel (20 g)
180 g Rindersteak
1 EL Olivenöl
Meersalz
1 EL eingelegte grüne Pfefferkörner
3 EL Sahne

♦ HAUPTGERICHT
Für 1 Portion
2,2 g Kohlenhydrate

Italienischer Endivienauflauf

1 Den Salat putzen, waschen, abtropfen lassen und in feine Streifen schneiden. Die Zwiebel und den Knoblauch schälen und beides möglichst fein würfeln. Den Backofen auf 160 °C vorheizen.
2 Das Öl in einer beschichteten Pfanne erhitzen. Zwiebeln und Knoblauch darin glasig dünsten. Das Hackfleisch zugeben und bei mittlerer Hitze krümelig anbraten. 80 Milliliter Wasser angießen und mit Oregano, Sambal Oelek, Pfeffer und Kräutersalz würzen.
3 Die Salatstreifen in eine Auflaufform geben und leicht salzen. Die Hackfleischsauce gleichmäßig darauf verteilen und mit dem Käse belegen. Die Crème fraîche in Flöckchen darauf setzen. Im Backofen in 15 Minuten überbacken, bis der Käse leicht gebräunt ist.

ZUTATEN
300 g Endiviensalat
1/2 Zwiebel (20 g)
1 Knoblauchzehe
1 EL Olivenöl
200 g Rinderhackfleisch
1 TL Oregano
1 TL Sambal Oelek
Pfeffer, Kräutersalz
50 g Crème fraîche
50 g Scheibenkäse

♦ HAUPTGERICHT
Für 1 Portion
3,6 g Kohlenhydrate

ZUTATEN
150 g Tomaten
1 kleines Brathähnchen
Kräutersalz
1 TL getrockneter Thymian
1 TL getrockneter Rosmarin
2 TL Paprikapulver rosenscharf
1 EL Olivenöl
3 Knoblauchzehen
1 kleiner Rosmarinzweig
80 ml Gemüsebrühe

♦ HAUPTGERICHT
Für 1 Portion
4,5 g Kohlenhydrate

Würziges Rosmarinhähnchen

1 Die Stielansätze der Tomaten entfernen, Tomaten mit heißem Wasser übergießen, häuten und grob würfeln.
2 Das Hähnchen waschen, mit Küchenpapier trockentupfen und in grobe Stücke zerteilen. Mit Kräutersalz, Thymian, Rosmarin und Paprikapulver einreiben. Das Öl in einem Schmortopf heiß werden lassen, die Hähnchenteile zufügen und bei mittlerer Hitze von allen Seiten braun anbraten.
3 Tomatenwürfel, ungeschälte Knoblauchzehen und Rosmarinzweig zufügen und die Brühe angießen. Zugedeckt 35 bis 40 Minuten bei mittlerer Hitze garen lassen. Knoblauchzehen und Rosmarinzweig entfernen. Das Hähnchen zusammen mit dem Tomatensud servieren.

Hähnchenbrust in Pfeffersauce mit Salat

1 Das Fleisch kurz waschen, mit Küchenpapier sorgfältig trockentupfen und in kleine Würfel schneiden.
2 Das Öl in einer beschichteten Pfanne erhitzen. Hähnchenwürfel darin unter Rühren von allen Seiten braun braten, mit Paprikapulver und Salz würzen.
3 Sahne und 2 Esslöffel Wasser zugießen, kurz aufkochen lassen und die Pfefferkörner unterrühren.
4 Den Salat putzen, waschen, abtropfen lassen und in mundgerechte Stücke zerpflücken. Den Salat auf einem Teller anrichten, das Fleisch und die Sauce darüber verteilen und das Ganze servieren.

Der iss.dich.schlank. Tipp

Dieses Gericht kann warm und kalt gegessen werden. Bereiten Sie es am Abend zu und geben Sie es sofort in eine gut verschließbare Plastikdose. Den Salat verpacken Sie in einer extra Dose. So können Sie das Gericht wunderbar mit an den Arbeitsplatz nehmen.

ZUTATEN
180 g Hähnchenbrustfilet
1 TL Olivenöl
Paprikapulver
Meersalz
40 g Sahne
1 TL grüne Pfefferkörner
30 g Feldsalat
200 g grüner Salat

♦ HAUPTGERICHT
Für 1 Portion
4,0 g Kohlenhydrate

Putengeschnetzeltes in Curry-Sahne

1 Den Salat putzen, waschen, abtropfen lassen, in schmale Streifen schneiden und auf einem Teller anrichten.
2 Die Champignons putzen und feinblättrig aufschneiden. Das Fleisch kurz waschen, mit Küchenpapier trockentupfen und in feine Streifen schneiden.
3 Das Öl in einer beschichteten Pfanne erhitzen und die Putenstreifen darin unter Rühren etwa 5 Minuten kräftig anbraten. Die Pilze zufügen und alles unter Rühren weitere 5 Minuten braten.
4 Sahne und 3 Esslöffel Wasser dazugießen, aufkochen lassen und alles mit Pfeffer, Salz und Currypulver würzen. Das Geschnetzelte über den Salat geben und sofort servieren.

ZUTATEN
300 g Endiviensalat
100 g Champignons
180 g Putenbrust
1 TL Olivenöl
40 g Sahne
Pfeffer
Salz
2 TL Currypulver

♦ HAUPTGERICHT
Für 1 Portion
2,5 g Kohlenhydrate

iss.dich.schlank.

ZUTATEN
200 g Kopfsalat
4 Champignons
5 Radieschen (50 g)
50 g Mungobohnensprossen
1 EL Joghurt, 1 TL Essig
Pfeffer, Kräutersalz
1/2 geräucherte Makrele
1 kleine Schillerlocke
1 EL gehackte Petersilie

♦ HAUPTGERICHT
Für 1 Portion
5,0 g Kohlenhydrate

Gemischter Räucherfischsalat

1 Salat putzen, waschen, abtropfen lassen und zerpflücken. Die Champignons putzen, abreiben und feinblättrig aufschneiden. Die Radieschen putzen und in Scheiben schneiden. Die Sprossen waschen, verlesen und abtropfen lassen. Alles mischen und den Salat dekorativ auf einem Teller anrichten.

2 Für das Dressing Joghurt mit Essig, Pfeffer, Kräutersalz und 3 Esslöffel Wasser verrühren. Das Dressing über den Salat gießen und locker umrühren.

3 Die Makrele säubern, entgräten und in Stücke brechen. Die Schillerlocke in dünne Scheiben schneiden. Den Fisch auf dem Salat anrichten und alles mit der Petersilie bestreut servieren.

DER iss.dich.schlank. TIPP

Zum Mitnehmen verpacken Sie den Fisch, die Sauce und den Salat jeweils getrennt in gut verschließbare Plastikboxen. Erst kurz vor dem Essen übergießen Sie den Salat mit dem Dressing und richten den Fisch darauf an.

ZUTATEN
200 g Schwertfischsteak
2 TL Olivenöl
Pfeffer
Meersalz
200 g Zucchini
1 Knoblauchzehe (nach Belieben)
1 TL getrockneter Thymian
50 g Feta

♦ HAUPTGERICHT
Für 1 Portion
4,1 g Kohlenhydrate

Schwertfisch-Zucchini-Salat mit Feta

1 Den Fisch waschen, mit Küchenpapier abtrocknen und in 2 Zentimeter große Würfel schneiden. 1 Teelöffel Öl in einer Pfanne erhitzen und den Fisch darin unter Wenden 4 bis 5 Minuten braten. Mit Pfeffer und Salz würzen. Den Fisch aus der Pfanne nehmen und abkühlen lassen.

2 Die Zucchini waschen, Blüten- und Stielansätze entfernen und die Zucchini in kleine Würfel schneiden. Den Knoblauch schälen und fein hacken.

3 Das restliche Öl in einer beschichteten Pfanne erhitzen, Zucchiniwürfel und Knoblauch darin unter Rühren etwa 3 bis 4 Minuten kräftig anbraten. Mit Thymian und Salz würzen, dann ebenfalls abkühlen lassen. Schwertfischwürfel mit Zucchini mischen, den Schafskäse darüber zerbröseln und servieren.

Würzfisch mit Sprossengemüse

1 Den Backofen auf 180 °C vorheizen. Für die Marinade den Knoblauch schälen und fein hacken. In einer kleinen Schüssel 2 Teelöffel Olivenöl mit Sambal Oelek, Knoblauch und Salz gründlich verrühren.
2 Den Fisch säubern, auf ein ausreichend großes Stück feste Alufolie geben und von beiden Seiten mit der Marinade beträufeln. Die Folie fest verschließen und den Fisch im Backofen 15 bis 20 Minuten garen.
3 In der Zwischenzeit die Pilze putzen, abreiben und in Streifen schneiden. Die Sprossen waschen, verlesen und abtropfen lassen.
4 Das restliche Öl in einer beschichteten Pfanne erhitzen und die Pilze darin unter Wenden 5 bis 7 Minuten braun braten. Die Sprossen zufügen und 1 Minute mitbraten. Mit Pfeffer, Salz und Thymian würzen, die saure Sahne unterrühren. Den Fisch aus der Folie nehmen und zusammen mit dem Sprossengemüse servieren.

Der iss.dich.schlank.Tipp

Sambal Oelek ist eine auf Chili basierende scharfe Würzpaste und passt zu allen Fleisch- und Fischgerichten ebenso wie zu Kartoffeln-, Nudeln- oder Reisgerichten. Dosieren Sie es vorsichtig, da man mit der feurig scharfen Paste ein Essen schnell überwürzen kann.

ZUTATEN

1–2 Knoblauchzehen
3 TL Olivenöl
1 TL Sambal Oelek
Meersalz
200 g Fischfilet (z.B. Seelachs oder Rotbarsch)
200 g Pilze (z.B. Austernpilze, Braunkappen oder Champignons)
80 g Mungobohnensprossen
Pfeffer
1 TL getrockneter Thymian
1 EL saure Sahne

♦ HAUPTGERICHT

Für 1 Portion
2,3 g Kohlenhydrate

Lachstaler auf Blattspinat (Foto)

ZUTATEN
100 g Lachsfilet, Meersalz
1 kleines Ei, 25 g Sahne
1 Msp. Cayennepfeffer
1/2 TL Paprikapulver rosenscharf
1 TL Olivenöl
300 g Spinat
1/2 Zwiebel (20 g)
1 Knoblauchzehe
1 TL Butter
1 EL saure Sahne

1 Das Lachsfilet säubern, mit leicht gesalzenem Wasser bedecken und bei schwacher Hitze 10 Minuten köcheln lassen. Den Lachs herausnehmen, auskühlen lassen und fein pürieren.
2 Das Ei trennen. Sahne steif schlagen und zusammen mit dem Eigelb unter das Lachspüree mischen. Mit Cayennepfeffer, Paprikapulver und Salz würzen.
3 Eiweiß steif schlagen und unter das Püree ziehen. Eine beschichtete Pfanne mit Öl ausreiben und erhitzen. Mit einem Löffel kleine runde Teigplätzchen in die Pfanne setzen, 1 Minute braun braten und dann wenden.
4 Spinat waschen, putzen und die harten Stiele entfernen. Zwiebel und Knoblauch schälen und fein würfeln. Die Butter in einem Topf schmelzen lassen und die Zwiebel- und Knoblauchwürfel darin glasig dünsten.
5 Spinat tropfnass zugeben, leicht salzen und zugedeckt bei mittlerer Hitze 3 Minuten dünsten. Mit der Sahne verfeinern und zusammen mit den Lachstalern servieren.

♦ HAUPTGERICHT
Für 1 Portion
5,2 g Kohlenhydrate

Krabben-Eier-Salat auf Endivien

ZUTATEN
1 großes Ei
250 g Endiviensalat
1 TL Olivenöl, 1 TL Essig
Pfeffer, Meersalz
100 g gekochte Krabben
30 g Mungobohnensprossen, 1 TL Senf
1 EL Joghurt
1 Msp. Cayennepfeffer
Kräutersalz
1 Zweig Dill

1 Das Ei in etwa 10 Minuten hart kochen, danach sofort mit kaltem Wasser abschrecken und schälen.
2 Den Salat putzen, waschen, abtropfen lassen, in sehr feine Streifen schneiden und auf einer Platte anrichten. Für das Dressing Öl mit Essig und 1 Esslöffel Wasser verrühren, mit Pfeffer und Salz würzen und den Salat damit beträufeln.
3 Die Krabben säubern und mit einer Gabel grob zerdrücken. Die Sprossen waschen, verlesen, abtropfen lassen und grob hacken.
4 Das gekochte Ei halbieren. Das Eigelb herauslösen und Eiweiß fein hacken.
5 Das Eigelb mit Senf, Joghurt und 1 Esslöffel Wasser cremig verrühren. Mit Cayennepfeffer und Kräutersalz würzen. Krabben, Sprossen und gehacktes Eiweiß untermischen, auf dem Salat anrichten und mit dem Dillzweig garnieren.

♦ HAUPTGERICHT
Für 1 Portion
2,6 g Kohlenhydrate

Chicorée-Schiffchen mit Forellensalat

ZUTATEN
1 kleiner Chicorée (100 g)
2 geräucherte Forellenfilets
50 g Crème fraîche
1 EL Meerrettich
1 TL Essig
Pfeffer
Meersalz
1 TL Paprikapulver edelsüß
1 EL Schnittlauchröllchen

♦ **SNACK**
Für 1 Portion
4,7 g Kohlenhydrate

1 Den Chicorée waschen, putzen und den Strunk keilförmig herausschneiden. Für die Schiffchen 6 Blätter ablösen und den Rest in sehr feine Streifen schneiden.
2 Die Forellenfilets sorgfältig entgräten, dann fein zerkleinern. Crème fraîche mit Meerrettich und 2 Esslöffel Wasser cremig verrühren. Mit Essig, Pfeffer und Salz kräftig würzen.
3 Salatstreifen und Forellenstückchen mit der Sauce mischen und in die Schiffchen-Blätter füllen.
4 Die Chicorée-Schiffchen mit Paprikapulver bestauben, mit Schnittlauchröllchen bestreuen und servieren.

DER iss.dich.schlank. TIPP

Zum Mitnehmen transportieren Sie den gesäuberten Salat in einem Gefrierbeutel mit Reißverschluss. Den Forellensalat geben Sie in eine fest verschließbare Plastikdose und halten ihn kühl. Am Arbeitsplatz setzen Sie den Salat auf die Salatblätter und servieren die Schiffchen sofort.

Lachsröllchen

ZUTATEN
50 g Salatgurke, Meersalz
1 Zweig Dill
3 TL Meerrettich
3 EL Crème fraîche
6 Scheiben geräucherter Lachs

♦ **SNACK**
Für 1 Portion
2,8 g Kohlenhydrate

1 Die Gurke schälen, der Länge nach in 6 Streifen schneiden und zart salzen. Dill waschen, trockenschütteln und fein hacken.
2 Meerrettich mit Crème fraîche und Dill verrühren und dünn auf die Lachsscheiben streichen. Jeweils ein Gurkenstück darauf legen und den Lachs aufrollen. Die Röllchen gekühlt servieren.

iss. dich. schlank.

Fischsalat mit Sardellensauce

1 300 Milliliter Salzwasser mit den Wacholderbeeren und Lorbeerblatt zum Kochen bringen. Den Fisch kurz waschen, wenn nötig die Gräten entfernen und den Fisch im heißen Sud zugedeckt bei schwacher Hitze 15 Minuten ziehen lassen.
2 Den Salat putzen, waschen und gut abtropfen lassen. Die Radieschen putzen, waschen und grob würfeln. Den Fisch aus der Brühe nehmen, abkühlen lassen und grob zerkleinern. Feldsalat, Radieschen und Fischstücke in einer Schüssel mischen.
3 Für das Dressing die Sardellen und die Gurke fein hacken. Essig, Öl, 3 Esslöffel Wasser, Pfeffer, Salz und Zitronenschale miteinander verrühren. Das Dressing über den Salat gießen und alles vorsichtig umrühren. Den Salat kurz durchziehen lassen und servieren.

DER iss.dich.schlank. TIPP

Den Fischsalat können Sie gut kalt essen, er eignet sich somit prima fürs Büro. Verpacken Sie den Fischsalat mit der Sauce in einem gut verschließbaren Kunststoffbehälter. Den geputzten Feldsalat transportieren Sie in einem verschließbaren Gefrierbeutel und mischen beides erst am Arbeitsplatz.

ZUTATEN
Meersalz
3 Wacholderbeeren
1 Lorbeerblatt
200 g Fischfilet (z.B. Kabeljau oder Rotbarsch)
60 g Feldsalat
100 g Radieschen
4 Sardellenfilets
1 kleine Gewürzgurke
1 TL Essig
1 TL Olivenöl
Pfeffer
1 TL abgeriebene Zitronenschale

♦ SNACK
Für 1 Portion
3,3 g Kohlenhydrate

Matjeshappen

1 Die Gurke schälen, längs halbieren und mit einem Löffel entkernen. Von der Unterseite der Gurkenhälften einen Streifen abschneiden, damit sie stehen bleiben, dann jede Hälfte in 4 gleich große Stücke schneiden.
2 Die Matjesfilets säubern und in 8 Stücke teilen. Den Frischkäse portionsweise in die Gurken füllen und mit dem Paprikapulver bestauben.
3 Je ein Zwiebelstückchen und ein Stück Matjes auf Holzspießchen stecken und diese auf die Gurken stecken.

ZUTATEN
1 Minigurke (100 g)
2 Matjesfilets
8 TL Frischkäse
1 TL Paprikapulver edelsüß
8 kleine Zwiebelstückchen (20 g)

♦ SNACK
Für 1 Portion
2,8 g Kohlenhydrate

iss. dich. schlank.

Die Schlemmerwoche

Die Kohlenhydratzufuhr erhöhen

Nachdem Sie in der Startwoche den Körper von Kohlenhydraten fast entwöhnt haben, erhöhen Sie nun in der zweiten Runde ganz langsam die Kohlenhydratzufuhr.

Dazu essen Sie etwas mehr Gemüse und Salat und bauen nach und nach auch Milchprodukte und Obstsorten mit einem niedrigen GLYX in Ihren täglichen Speiseplan mit ein. Doch achten Sie weiterhin darauf, Ihre persönliche Kohlenhydratgrenze einzuhalten. Der glykämische Index ist hier eine Orientierungshilfe, doch jeder Mensch hat seine individuelle Kohlenhydratverträglichkeitsschwelle. Um diese festzustellen, ist es sehr hilfreich, wenn Sie einige Zeit alles aufschreiben, was Sie essen und trinken. Notieren Sie außerdem, wie Sie sich während und nach dem Essen gefühlt haben. So können Sie mit der Zeit herausfinden, welche Lebensmittel Ihnen gut tun und welche nicht, welche Heißhunger verursachen und welche Sie auf Dauer satt machen. Auf diese Weise kommen Sie Ihrem Ziel Schritt für Schritt näher.

Kaufen Sie Gemüse aus der Region und möglichst aus biologischem Anbau.

Das Essen soll Genuss bereiten

Gerade wenn Sie nach einer schlankeren Figur trachten, soll Ihnen das Essen Vergnügen bereiten. Tauschen Sie daher nach Herzenslust die einzelnen Speisen des folgenden Wochenplans untereinander aus und bedienen Sie sich zusätzlich aus dem Rezeptteil der ersten Startwoche. Auch Zutaten zu den Rezepten können Sie austauschen – natürlich im Rahmen des erweiterten Lebensmittelplans.

Gleich allen Wochenplänen des iss.dich. schlank.-Programms ist auch der Wochenplan für die Schlemmerwoche nur als Anregung gedacht. Sie müssen sich nicht danach richten, sondern können anhand der erweiterten Lebensmitteltabelle Ihre eigenen Mahlzeiten zusammenstellen. Sie müssen lediglich darauf achten, pro Tag nicht mehr als 60 Gramm Kohlenhydrate zu essen. – Diese Grenze wird im Wochenplan natürlich eingehalten.

Verschwenden Sie keinen Gedanken daran, was Sie alles nicht essen dürfen, trauern Sie der Schokolade und den Chips nicht nach. Denn wenn Sie ständig überlegen, was Sie nicht dürfen, kreisen Ihre Gedanken um diese Dinge, und Sie bekommen umso mehr Lust darauf. Denken Sie lieber positiv: Stellen Sie sich vor, was Sie alles essen dürfen. Lassen Sie Ihrer Fantasie freien Lauf und malen Sie sich aus, welche leckeren Gerichte Sie kochen werden, was Sie aus den »erlaubten« Zutaten Feines kreieren werden. Und schließlich können Sie sich schon auf das Endlosprogramm freuen – dann ist der Lebensmittelplan wieder sehr umfangreich.

Lebensmitteltabelle für die iss.dich.schlank.-Schlemmerwoche

KOHLENHYDRATFREIE NAHRUNGSMITTEL

Fleisch

Bratenfleisch · Steaks · Rouladen · Schnitzel · Gulasch · Hackfleisch vom Rind · Kalb · Lamm · Geflügel · Wild · Fleischfond (möglichst kein Schweinefleisch!)

Wurstwaren

Corned beef · Geflügelfleischwurst · Putenlachsschinken · Truthahnaufschnitt · Lamm- und Rindersalami (Vorsicht: einige Wurstwaren enthalten Kohlenhydrate)

Fisch und Meeresfrüchte

Brasse · Flunder · Forelle · Hering · Heilbutt · Kabeljau · Krebs · Lachs · Langusten · Rotbarsch · Scholle · Seelachs · Seeteufel · Steckmuscheln · Thunfisch · unpanierter Tintenfisch · Fischfond (keine Algen oder Austern)

Fette

Butter · Butterschmalz · ungehärtetes Kokosfett Distelöl · Kürbiskernöl · Sonnenblumenöl · Olivenöl · Rapsöl · Walnussöl · Leinöl · ungehärtete Reformhaus-Margarine · Mayonnaise (Vorsicht: Mayonnaise enthält Eier und daher Spuren von Kohlenhydraten)

Sonstiges

Agavendicksaft in kleinen Mengen · Bäckerhefe · Biobin · weiße und rote Gelatine · zuckerfreie Götterspeise · koffeinfreier Kaffee · heller Leinsamen · teeinfreier Tee

NAHRUNGSMITTEL MIT SPUREN VON KOHLENHYDRATEN

Käse

Appenzeller · Bergkäse · Blauschimmelkäse · Camembert · Edamer · Emmentaler · Frischkäse · körniger Frischkäse · Gouda · Harzer · Limburger · Lindenberger Hartkäse · Mozzarella · Parmesan · Rottaler · Schafskäse · Tilsiter · Wörishofener Doppelrahmschnittkäse

Eier

Eier in jeder Form und Zubereitungsart: gekochte, gefüllte, pochierte Eier · Omelett · Rühreier · Spiegeleier

Pilze

Austernpilze · Birkenpilze · Butterpilze · Champignons · Hallimasch · frische Pfifferlinge · Rotkappen · frische Steinpilze

NAHRUNGSMITTEL MIT NIEDRIGEN KOHLENHYDRATWERTEN

◆ Alle Kohlenhydratwerte beziehen sich auf 100 Gramm bzw. 100 Milliliter eines Lebensmittels. ◆ Erlaubt sind alle Gewürze, Vanille und andere Extrakte, die keinen Zucker enthalten. ◆ Achten Sie unbedingt auf die vorgeschriebenen Mengen in den einzelnen Rezepten. ◆ Bei Tiefkühlkost können Sie sich nach den Angaben auf der Packung richten. ◆ Die fett gedruckten Nahrungsmittel erweitern die Lebensmitteltabelle in der Schlemmerwoche.

Alfalfa-Sprossen	2,2 g	**Erdbeeren**	5,5 g	Kopfsalat	1,1 g	Rosmarin	5,0 g
Apfel	11,4 g	Feldsalat	0,7 g	Lauch	2,5 g	**Rotkohl**	2,5 g
Apfelessig	0,6 g	**Fenchel**	2,8 g	Limone	3,8 g	**Sahne, sauer und süß**	3,3 g
Auberginen	2,5 g	Gemüsebrühe, klar, instant	1,3 g	Meerrettich (Glas)	7,3 g	Sauerampfer	2,1 g
Avocado	0,4 g	Gemüsefond	1,3 g	Mungobohnensprossen	1,8 g	Sauerkraut	0,6 g
Balsamessig	23,0 g	**Gewürzgurken**	1,5 g	Oliven, grün	1,8 g	Schnittlauch	1,6 g
Bambussprossen	0,5 g	**Grapefruit**	8,9 g	Oregano	5,0 g	Senf	6,0 g
Basilikum	5,0 g	Gurke	1,8 g	**Papaya**	2,4 g	Spargel, gekocht	1,6 g
Blumenkohl	2,3 g	**Heidelbeeren**	7,4 g	Paprikaschote, grün	2,9 g	Spinat	0,6 g
Brombeeren	2,7 g	**Himbeeren**	4,8 g	Peperoni, grün	2,9 g	Stangensellerie	2,2 g
Brühe, fett	0,8 g	**Joghurt**	4,2 g	Petersilie	7,3 g	Thymian	6,0 g
Buttermilch	4,0 g	**Johannisbeeren, rot**	7,3 g	**Quark, mager**	4,0 g	Tomaten	2,6 g
Chicorée	2,3 g	**Karambole**	3,5 g	Radicchio	1,5 g	**Weißkraut**	4,2 g
Chinakohl	1,2 g	**Kefir 1,5 %**	3,2 g	Radieschen	2,0 g	**Wirsing**	1,7 g
Dill	5,0 g	**Kefir 3,5 %**	3,2 g	Rauke/Rucola	9,1 g	Zitrone	3,8 g
Eichblattsalat	1,7 g	**Knollensellerie**	2,3 g	Rettich	1,9 g	Zucchini	2,0 g
Endivien	0,3 g	**Kohlrabi**	3,7 g	**Rosenkohl**	2,2 g	Zwiebel	4,9 g

Wochenplan für die Schlemmerwoche

	Frühstück	Snack
ERSTER TAG Montag	Frischkäsetatar 1,5 g Kohlenhydrate **Seite 52**	200 g Avocado 0,8 g Kohlenhydrate
ZWEITER TAG Dienstag	150 g Erdbeeren + 100 g Quark 12,3 g Kohlenhydrate	Ei in Ananas-Curry-Sauce 8,8 g Kohlenhydrate **Seite 57**
DRITTER TAG Mittwoch	200 g grüne Paprika mit 40 g Rindersalami 5,8 g Kohlenhydrate	Tomaten-Rucola-Salat mit Mozzarella 7,6 g Kohlenhydrate **Seite 53**
VIERTER TAG Donnerstag	150 g körniger Frischkäse 0,0 g Kohlenhydrate	200 g Chicorée mit 80 g Corned beef 4,6 g Kohlenhydrate
FÜNFTER TAG Freitag	Joghurt mit Sonnen-blumenkeimen 7,4 g Kohlenhydrate **Seite 52**	200 g Gurke mit 50 g Camembert 3,6 g Kohlenhydrate
SECHSTER TAG Samstag	100 g Heidelbeeren mit 100 g Joghurt 11,6 g Kohlenhydrate	100 g Geflügelfleischwurst mit 200 g Sauerkraut 1,2 g Kohlenhydrate
SIEBTER TAG Sonntag	Bruschetta 43,9 g Kohlenhydrate **Seite 54**	100 g körniger Frischkäse 0,0 g Kohlenhydrate

dich. iss. schlank.

Mittagessen	Snack	Abendessen
Bunter Gemüsesalat mit Käseomelett 17,6 g Kohlenhydrate **Seite 65**	Apfelkompott mit Mandelblättchen 23,3 g Kohlenhydrate **Seite 67**	Blumenkohlgratin 11,3 g Kohlenhydrate **Seite 64**
Partysalat mit Ziegenkäse 14,1 g Kohlenhydrate **Seite 64**	100 g Radieschen + 50 g Geflügelwurst 2,1 g Kohlenhydrate	Kokosfisch mit Gurkendip 10,0 g Kohlenhydrate **Seite 63**
Schweizer Sommersalat 11,9 g Kohlenhydrate **Seite 65**	Quark-Zitronen-Creme 21,5 g Kohlenhydrate **Seite 66**	Omelett mit Pilzragout und Salat 5,3 g Kohlenhydrate **Seite 61**
Folienkartoffel mit Kräutersauce und Salat 39,7 g Kohlenhydrate **Seite 63**	Lachs-Carpaccio 3,0 g Kohlenhydrate **Seite 56**	Balkanspieß 10,7 g Kohlenhydrate **Seite 60**
Dänischer Eiersalat 12,3 g Kohlenhydrate **Seite 61**	Gurkenstifte mit Tzatziki 8,2 g Kohlenhydrate **Seite 55**	Fruchtige Garnelen aus dem Wok 24,1 g Kohlenhydrate **Seite 62**
Spitzkohlröllchen mit Tomatensauce und Salat 22,5 g Kohlenhydrate **Seite 60**	Melonen-Ingwer-Sorbet 13,5 g Kohlenhydrate **Seite 67**	Spanischer Thunfischsalat mit 300 g Kopfsalat 8,0 g Kohlenhydrate **Seite 56**
Tomaten-Käse-Schnitzel 7,5 g Kohlenhydrate **Seite 59**	Götterspeise (Fertigprodukt) (ohne Zucker) 0,0 g Kohlenhydrate	300 g Tomaten, 125 g Mozzarella, 1 TL Balsamessig 8,6 g Kohlenhydrate

Apfelwürfel mit Ziegenfrischkäse

1 Den Apfel waschen, vierteln, entkernen und klein würfeln. Sofort mit dem Zitronensaft beträufeln.
2 Den Käse in kleine Stücke zerteilen. Apfelwürfel und den Käse auf einem Teller anrichten und mit den Nüssen garnieren.

Der iss.dich.schlank.Tipp

Ein Apfel mit Ziegenfrischkäse eignet sich ideal als kleine Nascherei am Arbeitsplatz. In diesem Fall können Sie auf den Zitronensaft verzichten, denn dieser soll lediglich das Braunwerden des Apfels verhindern. Statt Ziegenfrischkäse können Sie auch einen Camembert wählen.

ZUTATEN

1 säuerlicher Apfel (150 g)
1 TL Zitronensaft
75 g Ziegenfrischkäse
4 Walnusshälften

♦ SNACK

Für 1 Portion
18,8 g Kohlenhydrate

Spargelsalat mit grüner Sauce (Foto)

1 Den Spargel waschen, putzen und im unteren Drittel schälen. Die Stangen in 3 bis 4 Zentimeter lange Stücke schneiden. 1 Teelöffel Öl in einer beschichteten Pfanne erhitzen und den Spargel darin bei mittlerer Hitze anbraten, bis die Spargelstücke leicht braun sind.
2 Den Schinken in kleine Würfel schneiden. Die Kräuter waschen, trockenschütteln und sehr fein hacken. Die Kräuter mit dem restlichen Öl, dem Zitronensaft und Salz gut vermischen.
3 Spargel und Schinken auf einem Teller anrichten. Die Sauce über den Spargel geben und servieren.

ZUTATEN

250 g grüner Spargel
1 EL Distelöl
40 g roher Rinder- oder Lammschinken
1 kleines Bund gemischter Kräuter (z.B. Basilikum, Minze, Petersilie)
1 TL Zitronensaft
Meersalz

♦ SNACK

Für 1 Portion
4,1 g Kohlenhydrate

ZUTATEN
1 EL Sonnenblumenkerne
125 g Joghurt
1 TL Zitronensaft
1 Msp. Stevia oder
1 EL Agavendicksaft

♦ SNACK
Für 1 Portion
7,4 g Kohlenhydrate
(mit Agavendicksaft)

Joghurt mit Sonnenblumenkeimen

1 Die Sonnenblumenkerne über Nacht in Wasser einweichen, abspülen und 12 Stunden keimen lassen. Nochmals abspülen, mit Küchenpapier trockentupfen und in einer Pfanne ohne Fett schwach rösten.
2 Joghurt mit dem Zitronensaft mischen, mit Stevia bzw. Agavendicksaft leicht süßen und die Keimlinge unterrühren.

DER iss.dich.schlank.TIPP

Sonnenblumenkeimlinge sind leicht selbst zu ziehen. Dafür einfach Sonnenblumenkerne gründlich waschen, in eine kleine Glasschüssel geben und mit einem sauberen, luftdurchlässigen Tuch gut abdecken. Zwischendurch immer wieder mit kaltem Wasser abspülen. Innerhalb von 20 bis 30 Stunden können Sie die Keimlinge ernten.

ZUTATEN
3 Radieschen (50 g)
1 kleine Gewürzgurke
1 kleiner Zweig Dill
100 g körniger Frischkäse

♦ SNACK
Für 1 Portion
1,5 g Kohlenhydrate

Frischkäsetatar

1 Die Radieschen putzen und sehr fein hacken. Die Gurke in sehr kleine Würfel schneiden. Dill waschen, trockenschütteln und fein hacken.
2 Den körnigen Frischkäse in eine kleine Schüssel geben, mit den Radieschen- und Gurkenwürfeln mischen. Den Dip mit dem Dill bestreut servieren.

dich. iss. schlank.

Roastbeeftütchen mit Sprossenquark

1 Die Sprossen waschen, verlesen, abtropfen lassen und etwas klein schneiden. Salat putzen, waschen und abtropfen lassen. Die Petersilie waschen und trockentupfen.
2 Quark mit Meerrettich verrühren, mit Cayennepfeffer und Salz würzen, die Sprossen unterrühren.
3 Die Salatblätter auf die Roastbeefscheiben legen, den Sprossenquark gleichmäßig darauf verteilen und zu Tütchen aufrollen. Mit der Petersilie garnieren.

Der iss.dich.schlank.Tipp

Den restlichen Kopfsalat fest in Zeitungspapier einwickeln und für eine nächste Mahlzeit, z. B. Spanischer Thunfischsalat (siehe Seite 56) oder Ei in Ananas-Curry-Sauce (siehe Seite 57), kühl aufbewahren. Übrig gebliebener Quark hält sich einige Tage im Kühlschrank. Sie können ihn z. B. für die Quark-Zitronen-Creme (siehe Seite 66) verwenden.

ZUTATEN

40 g Mungobohnensprossen
3 kleine Blätter Kopfsalat
1 Zweig Petersilie
3 EL Quark (20 % Fett)
1 TL Meerrettich (aus dem Glas)
1 Msp. Cayennepfeffer
Kräutersalz
3 Roastbeefscheiben

♦ **SNACK**
Für 1 Portion
2,5 g Kohlenhydrate

Tomaten-Rucola-Salat mit Mozzarella

1 Die Tomaten waschen, von den Stielansätzen befreien, vierteln und fein würfeln. Den Rucola waschen, trockenschütteln, die harten Stiele entfernen und die Blätter klein schneiden.
2 Den Mozzarella abtropfen lassen, in Würfel schneiden und mit den Tomaten und dem Rucola mischen. Mit Essig und Öl beträufeln, mit Pfeffer und Salz würzen. Den Salat mit den Oliven garnieren und servieren.

ZUTATEN

150 g Tomaten
10 Blätter Rucola
60 g Mozzarella
1 TL Balsamessig
1 TL Olivenöl
Pfeffer
Meersalz
5 Oliven ohne Stein

♦ **SNACK**
Für 1 Portion
7,6 g Kohlenhydrate

ZUTATEN
1 Tomate (150 g)
1/2 Zwiebel (20 g)
1 kleine Knoblauchzehe
6 Blätter Basilikum
Pfeffer
Meersalz
1–2 Scheiben Vollkorn-brot (100 g)
2 TL Olivenöl

♦ SNACK
Für 1 Portion
43,9 g Kohlenhydrate

Bruschetta

1 Die Tomate waschen, vierteln, vom Stielansatz befreien, entkernen und fein würfeln. Zwiebel und Knoblauch schälen und fein hacken. Basilikumblätter waschen, trockenschütteln und in feine Streifen schneiden. Tomate mit Zwiebeln, Knoblauch und Basilikum mischen, mit Pfeffer und Salz würzen.

2 Das Brot von beiden Seiten dünn mit Öl bestreichen und in einer Pfanne von beiden Seiten goldbraun rösten. Tomatenmischung auf dem Brot verteilen und servieren.

Der iss.dich.schlank. Tipp

Schneiden Sie die Zwiebel immer erst kurz vor der Verwendung in kleine Würfel, damit die wertvollen ätherischen Öle nicht verduften. Frische Zwiebeln wirken entzündungshemmend, blutdrucksenkend und verbessern die Fließfähigkeit des Blutes – ähnlich auch der Knoblauch.

Ricotta mit Pesto auf Blattsalat

1 Basilikum waschen, trockenschütteln, die Blätter von den Stielen zupfen. Den Knoblauch schälen. Basilikum, Knoblauch und Pinienkerne mit einem Wiegemesser sehr fein hacken. Mit Öl, Salz und Parmesan verrühren.
2 Den Salat putzen, waschen, abtropfen lassen, in mundgerechte Stücke zerpflücken und auf einem Teller ausbreiten. Den Ricotta darauf anrichten und mit dem Pesto beträufeln.

Der iss.dich.schlank. Tipp

Pesto können Sie gut auf Vorrat zubereiten, da es sich unter einer Schicht Olivenöl wochenlang frisch hält. Das Grundrezept besteht aus einem Bund fein gehackten Basilikumblättern, 3 Esslöffel zerstoßenen Pinienkernen, 2 bis 3 gehackten Knoblauchzehen, 2 Esslöffel geriebenem Parmesan und 200 Milliliter Olivenöl.

ZUTATEN
50 g Basilikum
1 Knoblauchzehe
1 EL Pinienkerne
1 EL Olivenöl
Meersalz
1 TL geriebener Parmesan
1 kleiner Radicchio (100 g)
100 g Ricotta

♦ SNACK
Für 1 Portion
9,2 g Kohlenhydrate

Gurkenstifte mit Tzatziki

1 Die Gurke schälen, 5 Zentimeter davon fein raspeln, den Rest halbieren und mit einem Löffel entkernen. Die Gurke in fingerdicke, etwa 10 Zentimeter lange Stifte schneiden. Den Knoblauch schälen und durch eine Presse drücken.
2 Crème fraîche mit Joghurt verrühren, Gurkenraspel und Knoblauch unterrühren und das Ganze mit Pfeffer und Salz würzen.
3 Die Gurkenstifte auf einem Teller anrichten, mit dem Dill garnieren und zusammen mit dem Tzatziki servieren.

ZUTATEN
200 g Salatgurke
1 Knoblauchzehe
1 EL Crème fraîche
100 g Joghurt
Pfeffer
Kräutersalz
1 kleiner Zweig Dill

♦ SNACK
Für 1 Portion
8,2 g Kohlenhydrate

ZUTATEN
80 g gebeizter Lachs
1 Tomate (100 g)
1 TL Kapern (aus dem Glas)
1 Zweig Dill
1 TL Zitronensaft
1 TL Distelöl
frisch gemahlener Pfeffer
Meersalz

♦ SNACK
Für 1 Portion
3,0 g Kohlenhydrate

Lachs-Carpaccio

1 Die Lachsscheiben zwischen Klarsichtfolie legen und mit einem Nudelholz sehr dünn ausrollen.
2 Die Tomate waschen, vom Stielansatz befreien, vierteln, entkernen und fein würfeln. Die Kapern fein hacken. Dill waschen, trockenschütteln und fein hacken.
3 Zitronensaft mit Öl, Dill und 1 Esslöffel Wasser verrühren. Den Lachs fächerartig auf einem Teller ausbreiten. Tomaten und Kapern auf dem Lachs anrichten, alles mit der Vinaigrette beträufeln und mit Pfeffer und Salz bestreuen.

DER iss.dich.schlank. TIPP

Verwenden Sie nur Lachs von bester Qualität für das Carpaccio.
Sie können den Lachs auch selbst beizen. Ein Rezept dafür finden Sie auf Seite 109.

ZUTATEN
1/2 Zwiebel (20 g)
1 kleine Knoblauchzehe
1 TL Kapern (aus dem Glas)
5 schwarze Oliven
1 Tomate (100 g)
100 g Thunfisch (aus der Dose; naturell)
1 TL Mayonnaise ohne Zucker
50 g Joghurt
1 Msp. Chili, Meersalz
1 Kopfsalatherz (100 g)

♦ SNACK
Für 1 Portion
8,0 g Kohlenhydrate

Spanischer Thunfischsalat

1 Zwiebel und Knoblauch schälen und beides fein hacken. Die Kapern fein würfeln, die Oliven (ohne Stein) in Scheiben schneiden. Die Tomate waschen, vom Stielansatz befreien, vierteln und in feine Würfel schneiden.
2 Den Saft vom Thunfisch abgießen und den Fisch mit einer Gabel grob zerdrücken. Die Mayonnaise mit dem Joghurt verrühren. Zwiebeln, Knoblauch, Kapern, Oliven und Tomatenwürfel in die Joghurtsauce rühren, mit Chili und Salz fein abschmecken. Den Thunfisch mit der Sauce mischen.
3 Salat putzen, waschen, abtropfen lassen und zerpflücken. Auf einem Teller ausbreiten und den Thunfischsalat darauf anrichten.

iss.dich.schlank.

Gefüllte Eier

1 Salat putzen, waschen, abtropfen lassen, in feine Streifen schneiden und auf einem Teller anrichten. Mit Öl und Essig beträufeln, mit Pfeffer und Salz leicht würzen.
2 Die Eier hart kochen, mit kaltem Wasser abschrecken und schälen. Die Eier längs halbieren, das Eigelb herauslösen und mit Senf und saurer Sahne verrühren.
3 Gurke und Kapern fein hacken, Matjes in kleine Würfel schneiden und alles mit der Creme vermischen. Einen Teil der Creme in die Eihälften füllen und die gefüllten Eier mit der restlichen Creme auf den Salatblättern anrichten. Mit dem Schnittlauch bestreuen und servieren.

Der iss.dich.schlank.Tipp

Wenn Sie die Creme mit einer Spritztüte in die Eihälften spritzen, sieht das Ganze sehr hübsch aus. Sie können auch einen Teil der Creme zurückbehalten und dekorativ auf den Salatblättern verteilen. Eine hübsche Deko sind ebenfalls Dillfähnchen, die Sie zwischen den Eiern verteilen.

ZUTATEN
100 g Endiviensalat
1 TL Öl (z.B. Traubenkernöl)
1 TL Essig
Pfeffer, Salz
2 Eier, 1 TL Senf
50 g saure Sahne
1 kleine Gewürzgurke
1 TL Kapern (aus dem Glas), 1 Matjesfilet
1 EL Schnittlauchröllchen

♦ SNACK
Für 1 Portion
4,3 g Kohlenhydrate

Ei in Ananas-Curry-Sauce

1 Die Salatblätter putzen, waschen, gut abtropfen lassen und dekorativ auf einem Teller ausbreiten.
2 Die Eier hart kochen, mit kaltem Wasser abschrecken, schälen und in kleine Würfel schneiden. Den Ingwer schälen und sehr fein hacken. Die Ananas in kleine Würfel schneiden, in einem Topf kurz erhitzen, dann abkühlen lassen.
3 Joghurt mit der sauren Sahne verrühren, mit Ingwer, Currypulver, Kardamom, Chili und Salz würzen. Die Ananasstücke und Eiwürfel zugeben, vorsichtig unterrühren und die Sauce auf den Salatblättern servieren.

ZUTATEN
3 Kopfsalatblätter, 2 Eier
1 haselnussgroßes Stück Ingwer
1 kleine Scheibe frische Ananas (50 g)
60 g Joghurt
1 EL saure Sahne
1–2 TL Currypulver
1 Msp. Kardamom
1 Msp. Chili, Salz

♦ SNACK
Für 1 Portion
8,8 g Kohlenhydrate

Überbackenes Tomaten-Käse-Schnitzel (Foto)

1 Die Tomate waschen und vom Stielansatz befreien. Eine dicke Scheibe von der Tomate abschneiden, den Rest in dünne Spalten schneiden. Den Mozzarella abtropfen lassen und grob würfeln. Basilikumblätter von den Stielen zupfen, gut abspülen und in feine Streifen schneiden. Den Backofen auf 180 °C vorheizen.

2 Das Hähnchenschnitzel kalt abwaschen, mit Küchenpapier trockentupfen, flach klopfen und mit Pfeffer und Kräutersalz würzen. Das Öl in einer beschichteten Pfanne erhitzen. Das Schnitzel darin bei mittlerer Hitze von jeder Seite 2 bis 3 Minuten goldbraun braten.

3 Das Fleisch aus der Pfanne nehmen, auf ein mit Backpapier ausgelegtes Backblech legen und mit Thymian bestreuen. Mit der Tomatenscheibe und den Mozzarellawürfeln belegen, im Backofen 10 bis 12 Minuten überbacken.

4 Das Fleisch mit den Tomatenspalten auf einem Teller anrichten, nochmals mit Pfeffer und Kräutersalz würzen und mit dem Basilikum bestreuen.

ZUTATEN

1 Fleischtomate (250 g)
60 g Mozzarella
1 Zweig Basilikum
1 Hähnchenschnitzel (150 g)
Pfeffer
Kräutersalz
2 TL Olivenöl
1 TL getrockneter Thymian

♦ HAUPTGERICHT

Für 1 Portion
7,5 g Kohlenhydrate

Scharfe Bohnensuppe mit Debrecziner

1 Die Bohnen waschen, putzen und in etwa 3 Zentimeter lange Stücke schneiden. Die Stielansätze der Tomate entfernen, Tomate überbrühen, häuten und grob würfeln.

2 Die Butter in einem Topf schmelzen lassen und die Bohnen darin unter Rühren anbraten. Die Tomatenwürfel zugeben und kurz mitbraten. Tomatenmark und Brühe zugeben, mit Pfeffer, Salz, Majoran und Sambal Oelek würzen. Zugedeckt 10 bis 12 Minuten köcheln lassen.

3 Die Debrecziner auf die Bohnen legen und alles zugedeckt weitere 10 Minuten ziehen lassen. Die Suppe mit Würstchen anrichten und servieren.

Der iss.dich.schlank.Tipp

Da das Garwasser der grünen Bohnen mitverwendet wird, geht nichts von der wertvollen Pantothensäure verloren, die sich in den Bohnen befindet. Dieses Vitamin hat eine zentrale Bedeutung für den Energiestoffwechsel und den Hormonhaushalt.

ZUTATEN

200 g grüne Bohnen
1 Tomate (150 g)
10 g Butter
1 EL Tomatenmark
100 ml Gemüsebrühe
Pfeffer, Meersalz
1/2 TL getrockneter Majoran
1 TL Sambal Oelek
2 Debrecziner

♦ HAUPTGERICHT

Für 1 Portion
14,5 g Kohlenhydrate

ZUTATEN
1 reife Tomate (120 g)
1 kleiner Spitzkohl (400 g, ersatzweise Weißkohl)
Meersalz, 1 TL Kümmel
1 1/2 EL Olivenöl
150 g Rinderhackfleisch
1 kleines Ei, Pfeffer
1 TL Tomatenmark
150 ml Gemüsebrühe
1 TL getrockneter Oregano
1 EL Sahne

♦ HAUPTGERICHT
Für 1 Portion
22,5 g Kohlenhydrate

Spitzkohlröllchen mit Tomatensauce und Salat

1 Die Stielansätze der Tomaten entfernen, Tomaten überbrühen, häuten und würfeln.
2 Den Spitzkohl putzen, den harten Strunk herausschneiden. Den Kohl im kochendem Wasser 2 bis 3 Minuten blanchieren, aus dem Wasser nehmen, vorsichtig 3 Kohlblätter ablösen und diese auf der Arbeitsfläche ausbreiten. Ein weiteres Kohlblatt sehr fein hacken, den restlichen Kohl in feine Streifen hobeln, leicht salzen und kräftig stampfen, damit er etwas mürbe wird. Mit Kümmel und 1 Teelöffel Öl mischen.
3 Das Hackfleisch mit Ei, gehacktem Kohlblatt, Pfeffer und Salz gut mischen. Aus dem Fleischteig 3 gleich große Kugeln formen, diese auf den ausgebreiteten Blättern verteilen, alles aufrollen und mit Küchengarn umwickeln.
4 Das restliche Öl in einem kleinen Bräter erhitzen und die Kohlröllchen darin bei mittlerer Hitze rundum braun anbraten. Tomatenwürfel und Tomatenmark unter Rühren zugeben und die Brühe angießen. Mit Pfeffer, Salz und Oregano würzen. Im geschlossenen Bräter 25 Minuten köcheln lassen. Die Sahne in die Sauce rühren. Die Kohlröllchen zusammen mit dem Krautsalat servieren.

ZUTATEN
100 g grüne Paprikaschote
1 Zwiebel (50 g)
160 g Steakfleisch (Rind oder Lamm)
1 Knoblauchzehe
2 EL Olivenöl
1 TL Thymian
1 TL Paprikapulver
Meersalz
1 Fleischtomate (200 g)

♦ HAUPTGERICHT
Für 1 Portion
10,7 g Kohlenhydrate

Balkanspieß

1 Die Paprikaschote putzen, waschen und in grobe Stücke schneiden. Die Zwiebel schälen und vierteln. Das Fleisch kurz waschen, mit Küchenpapier trockentupfen und in mundgerechte Würfel schneiden.
2 Für die Marinade den Knoblauch schälen und durch eine Presse drücken. Mit Öl, Thymian, Paprikapulver und Salz verrühren. Das Fleisch abwechselnd mit Zwiebelspalten und Paprikastücken auf einen großen Spieß stecken und mit der Marinade rundum einpinseln.
3 Den Grill vorheizen. Alufolie auf den Rost legen und den Spieß von allen Seiten 4 bis 5 Minuten grillen.
4 Die Tomate waschen und aufschneiden und zu dem Spieß servieren.

Omelett mit Pilzragout und Salat

ZUTATEN

1/2 Zwiebel (20 g)
2 Zweige Petersilie
150 g gemischte Pilze
3 TL Butter, Pfeffer
Meersalz, 2 große Eier
2 EL Mineralwasser
1 EL Sahne
1 EL geriebener Parmesan
1 kleiner Kopfsalat (300 g)
1 EL Öl
1 EL Essig

♦ **HAUPTGERICHT**
Für 1 Portion
5,3 g Kohlenhydrate

1. Die Zwiebel schälen und fein würfeln. Petersilie waschen, trockenschütteln und fein hacken. Die Pilze putzen, abreiben und in kleine Stücke schneiden.
2. 1 Teelöffel Butter in einer Pfanne zerlassen und die Zwiebeln darin glasig dünsten. Die Pilze zufügen und alles unter Rühren 5 Minuten schmoren lassen. Mit Pfeffer und Salz würzen und die Petersilie unterrühren, dann beiseite stellen.
3. Die Eier trennen. Die Eigelbe in eine Schüssel geben und mit Mineralwasser, Sahne, Parmesan und Salz schaumig aufschlagen. Eiweiß leicht salzen, steif schlagen und unter das Eigelb heben.
4. Die restliche Butter in einer beschichteten Pfanne (20 cm ∅) schmelzen lassen. Die Eiermasse in die Pfanne geben und stocken lassen. Die Pfanne mehrmals hin und her rütteln, damit das Omelett nicht anbackt. Sobald die Unterseite gestockt ist, die Pilze auf einer Omeletthälfte verteilen und die andere Hälfte darüber klappen.
5. Den Salat putzen, waschen und in mundgerechte Stücke zerpflücken. Mit Öl und Essig beträufeln, leicht salzen und pfeffern und mit dem Omelett servieren.

Dänischer Eiersalat

ZUTATEN

2 Eier
50 g geräucherter Lachs
1 kleine Gewürzgurke
100 g grüne Paprikaschote
30 g geschälte, gegarte
Krabben, 125 g Joghurt
1 TL Mayonnaise, 1 TL Senf
1 TL Essig, Kräutersalz
1–2 TL Currypulver
1 Eichblattsalat (200 g)

♦ **HAUPTGERICHT**
Für 1 Portion
12,3 g Kohlenhydrate

1. Die Eier hart kochen, mit kaltem Wasser abschrecken, danach schälen und grob hacken. Den Lachs in kleine Würfel schneiden. Die Gurke fein hacken. Die Paprikaschote waschen, halbieren, putzen und klein würfeln. Eier, Lachs, Gurke und Paprikawürfel in einer Schüssel mischen.
2. Für das Dressing die Krabben mit einer Gabel zerdrücken. Joghurt mit Mayonnaise, Senf, Essig, Kräutersalz und Currypulver verrühren, die Krabben unterrühren und das Dressing über den Salat gießen.
3. Den Eichblattsalat putzen, waschen, abtropfen lassen und zerpflücken. Die Blätter auf einen Teller geben und den Eiersalat darauf anrichten.

ZUTATEN

100 g frische Ananas
1 Zucchini (250 g)
125 g geschälte, gegarte Garnelen
1/2 kleine Chilischote
1 haselnussgroßes Stück Ingwer
1/2 Orange, 1 TL Sesamöl
1/2 TL Honig, Meersalz
1 Msp. Vanillepulver
1 EL Zitronensaft
1 EL gehackte Petersilie

♦ HAUPTGERICHT

Für 1 Portion
24,1 g Kohlenhydrate

Fruchtige Garnelen aus dem Wok

1. Die Ananas in kleine Würfel schneiden. Zucchini waschen, putzen und fein würfeln. Die Garnelen säubern, waschen und trockentupfen.
2. Die Chilischote putzen, waschen und in feine Ringe schneiden, dabei die Kerne entfernen. Den Ingwer schälen und fein hacken. Die Orange auspressen.
3. Den Wok erhitzen, das Öl hineingeben. Wenn das Öl heiß ist, die Garnelen zufügen und unter Rühren 2 Minuten braten, dann herausnehmen und beiseite stellen. Zucchini und Chilischote im restlichen Bratfett unter Rühren 2 Minuten braten. Ingwer und Ananas zugeben und 1 Minute weiterbraten.
4. Mit Honig, Salz und Vanille würzen. Die Garnelen wieder in den Wok geben, Zitronen- und Orangensaft unterrühren und kurz aufkochen lassen. Mit der gehackten Petersilie bestreut servieren.

iss. dich. schlank.

Kokosfisch mit Gurkendip

ZUTATEN
200 g Fisch (z.B. Schollenfilet, Rotbarsch oder Seezunge)
Meersalz
Pfeffer
1 kleines Ei
2 EL Kokosflocken
1 EL Olivenöl
200 g Schlangengurke
1/2 kleines Bund Dill
1 EL Crème fraîche
125 g Joghurt

♦ HAUPTGERICHT
Für 1 Portion
10,0 g Kohlenhydrate

1 Den Fisch waschen, mit Küchenpapier abtrocknen, salzen und pfeffern. Das Ei verquirlen. Den Fisch erst in Ei, dann in den Kokosflocken wenden. Das Öl in einer Pfanne erhitzen und den Fisch darin von beiden Seiten jeweils 5 bis 6 Minuten sanft goldbraun braten.
2 Die Gurke schälen, 5 Zentimeter davon fein raspeln, den Rest in dünne Scheiben schneiden. Dill waschen, trockenschütteln und fein hacken.
3 Crème fraîche mit Joghurt verrühren, Gurkenraspel und Dill unterrühren und mit Pfeffer und Salz abschmecken. Gurkenscheiben auf einem Teller anrichten, salzen und zusammen mit dem Fisch und Gurkendip servieren.

Der iss.dich.schlank. Tipp

Der Kokosfisch mit Gurkendip schmeckt auch kalt sehr lecker. Bereiten Sie daher ruhig die doppelte Menge zu. Werden der gebratene Fisch und der Gurkendip getrennt eingepackt, lässt sich das Gericht außerdem gut mitnehmen.

Folienkartoffel mit Kräutersauce und Salat

ZUTATEN
1 große Kartoffel (200 g)
1 kleines Bund gemischte Kräuter (z.B. Dill, Petersilie, Kerbel, Sauerampfer)
1 EL Crème fraîche
125 g Joghurt
1 TL Senf
Kräutersalz
1 Kopfsalatherz (200 g)

♦ HAUPTGERICHT
Für 1 Portion
39,7 g Kohlenhydrate

1 Die Kartoffel waschen und in Schale in 25 Minuten garen, dann abgießen und in Alufolie wickeln.
2 In der Zwischenzeit die Kräuter waschen und sehr fein hacken. Crème fraîche mit Joghurt und Senf verrühren. Mit Kräutersalz würzen und die gehackten Kräuter untermischen. Alles gut verrühren.
3 Den Salat putzen, waschen, abtropfen lassen und zerpflücken.
4 Die noch heiße Folienkartoffel der Länge nach einschneiden (nicht durchschneiden), leicht auseinander drücken und mit zwei Drittel der Kräutersauce füllen.
5 Den Salat mit der restlichen Sauce beträufeln und mit der Kartoffel servieren.

ZUTATEN
1/2 kleiner Blumenkohl (250 g)
Meersalz, 50 ml Milch
150 g grüne Paprikaschote
1/2 Zwiebel (20 g)
1 haselnussgroßes Stück Ingwer, 1 TL Olivenöl
1 TL Currypulver
60 g Mozzarella

♦ HAUPTGERICHT
Für 1 Portion
11,3 g Kohlenhydrate

Blumenkohlgratin

1 Den Blumenkohl waschen, putzen und in kleine Röschen teilen. In kochendem Salzwasser zusammen mit der Milch zum Kochen bringen. Den Blumenkohl in 10 bis 12 Minuten bissfest garen, dann aus der Brühe nehmen und abtropfen lassen.

2 Die Paprikaschote halbieren, putzen, waschen und in kleine Würfel schneiden. Zwiebel und Ingwer schälen, beides fein würfeln.

3 Das Öl in einer beschichteten Pfanne erhitzen. Zwiebeln und Ingwer darin bei starker Hitze anbraten. Paprika zufügen und unter Rühren 2 bis 3 Minuten dünsten. Blumenkohl zufügen und alles mit Currypulver und Salz würzen.

4 Den Mozzarella abtropfen lassen, in dünne Scheiben schneiden und auf das Gemüse legen. Die Pfanne schließen und den Käse bei geringer Hitze schmelzen lassen. Mit etwas Currypulver bestauben und servieren.

ZUTATEN
1/2 kleiner Blumenkohl (250 g)
Salz, 50 ml Milch
1 Minigurke (100 g)
1 kleine Fleischtomate (150 g), 50 g Joghurt
1 EL Sahne
1 Msp. Cayennepfeffer
3 Tropfen Ahornsirup
1 Msp. Zimt
80 g Ziegenkäse
5 Oliven

♦ HAUPTGERICHT
Für 1 Portion
14,1 g Kohlenhydrate

Partysalat mit Ziegenkäse

1 Den Blumenkohl waschen, putzen und in kleine Röschen teilen. In kochendem Salzwasser zusammen mit der Milch zum Kochen bringen. Den Blumenkohl darin in 10 bis 12 Minuten bissfest garen, dann aus der Brühe nehmen und in einem Sieb gut abtropfen lassen, dabei die Brühe auffangen. Den Blumenkohl auskühlen lassen.

2 Die Gurke schälen und das Fruchtfleisch in kleine Würfel schneiden. Die Tomate waschen, vom Stielansatz befreien und in schmale Spalten schneiden. Gurken, Tomaten und Blumenkohl miteinander mischen.

3 Für das Dressing Joghurt mit der Sahne und etwas Blumenkohlbrühe cremig verrühren, mit Cayennepfeffer, Salz, Ahornsirup und Zimt würzen. Das Dressing über den Salat gießen und alles mischen. Den Ziegenkäse darüber zerbröseln und den Salat mit den Oliven garnieren.

Bunter Gemüsesalat mit Käseomelett

1 Die Bohnen waschen, putzen und in etwa 3 Zentimeter lange Stücke schneiden. Salzwasser zum Kochen bringen. Bohnen und Bohnenkraut zugeben und die Bohnen in 12 Minuten bissfest garen. Dann aus dem Wasser nehmen und auskühlen lassen.

2 Die Blumenkohlröschen waschen, putzen und fein raspeln. Die Tomaten waschen und halbieren. Feldsalat putzen und waschen. Bohnen, Blumenkohl, Tomaten und Feldsalat in einer Schüssel mischen.

3 Für das Dressing die Kräuter waschen, trockenschütteln und fein hacken. Crème fraîche mit Essig, Senf und 3 Esslöffel Wasser verrühren. Mit Pfeffer, Salz und den Kräutern mischen. Das Dressing über den Salat gießen und locker unterrühren.

4 Den Käse in kleine Würfel schneiden. Die Eier trennen. Die Eigelbe in eine Schüssel geben und mit dem Mineralwasser schaumig aufschlagen. Eiweiß leicht salzen, steif schlagen und unter das Eigelb heben. Den Käse zugeben.

5 Die Butter in einer beschichteten Pfanne (20 cm ∅) schmelzen lassen und die Eiermasse in die Pfanne geben. Den Deckel auflegen und das Omelett bei schwacher Hitze stocken lassen. Die Pfanne mehrmals hin und her rütteln, damit das Omelett nicht anbackt. Das Omelett in Streifen schneiden, auf dem Salat servieren und mit dem Paprikapulver bestauben.

ZUTATEN

250 g grüne Bohnen
Meersalz
1 Stängel Bohnenkraut
50 g Blumenkohlröschen
5 Kirschtomaten (100 g)
30 g Feldsalat
1 kleines Bund Kräuter
1 EL Crème fraîche
1 EL Essig, 1 TL Senf
Pfeffer, 40 g Camembert
2 große Eier, 2 EL Mineralwasser, 2 TL Butter
1 TL Paprikapulver

♦ HAUPTGERICHT

Für 1 Portion
17,6 g Kohlenhydrate

Schweizer Sommersalat

1 Den Rettich putzen, schälen und in dünne Scheiben hobeln. Auf einen Teller legen, mit Salz bestreuen und ziehen lassen.

2 Den Salat putzen, waschen, abtropfen lassen und in mundgerechte Stücke zerpflücken. Die Tomate waschen, vom Stielansatz befreien und in schmale Spalten schneiden. Rettich, Salat und Tomaten in einer Schüssel mischen.

3 Für das Dressing Petersilie und Thymian waschen, trockenschütteln und fein hacken. Essig und Öl mit der Sahne und 2 Esslöffel Wasser verrühren. Die Kräuter untermischen, die Sauce mit Pfeffer und Salz würzen und über den Salat geben.

4 Den Käse in kleine Würfel schneiden und auf dem Salat verteilen.

ZUTATEN

100 g Rettich, Meersalz
200 g Salat, 1 Tomate
2 Zweige Petersilie
1 Zweig frischer Thymian
1 EL weißer Balsamessig
1 TL Öl, 3 EL Sahne
Pfeffer, 80 g Appenzeller

♦ HAUPTGERICHT

Für 1 Portion
11,9 g Kohlenhydrate

ZUTATEN
5 Blättchen Zitronenmelisse
1 kleine unbehandelte Zitrone
125 g Sahnequark
1/3 TL Stevia oder
2 EL Agavendicksaft

♦ SNACK
Für 1 Portion
21,5 g Kohlenhydrate (mit Agavendicksaft)

Quark-Zitronen-Creme

1 Die Zitronenmelisse waschen, trockenschütteln und fein hacken.
2 Die Zitrone halbieren, eine dünne Scheibe davon abschneiden und beiseite legen. Die eine Zitronenhälfte auspressen, die andere Hälfte schälen, filetieren und die Filets in kleine Würfel schneiden.
3 Den Quark mit dem Zitronensaft verrühren, Zitronenmelisse und Zitronenstückchen unterrühren und mit dem Stevia bzw. Agavendicksaft süßen. In ein Dessertglas geben und mit der Zitronenscheibe garnieren.

DER iss.dich.schlank.TIPP

Statt Sahnequark können Sie auch Joghurt verwenden. Zum Mitnehmen füllen Sie die Creme in ein gut verschließbares Schraubglas und bewahren sie kühl auf. Sie ist eine erfrischende kleine Nascherei am Arbeitsplatz.

dich. iss. schlank.

Melonen-Ingwer-Sorbet

1 Melonenfleisch von der Schale lösen und zusammen mit dem Zitronensaft und Stevia bzw. Agavendicksaft fein pürieren.
2 Den Ingwer schälen, fein hacken und unter das Püree mischen. In eine Metallschüssel geben und 2 Stunden im Gefrierfach frosten lassen.
3 Zwischendurch ab und zu umrühren, damit sich keine Eiskristalle bilden. Das Sorbet in Dessertgläsern servieren und mit den Minzeblättchen garnieren.

Der iss.dich.schlank. Tipp

Der Clou dieses Rezepts ist der fein gehackte Ingwer. Dieser darf nicht im Mixer fein püriert werden, sondern die kleinen Stücke müssen erhalten bleiben. Für Gäste das Sorbet in Gläser füllen und mit Sekt aufgießen.

ZUTATEN
1 kleine Netzmelone
1 EL Zitronensaft
1/3 TL Stevia oder
3 EL Agavendicksaft
1 haselnussgroßes Stück Ingwer
Minzeblättchen

♦ SNACK
Für 6 Portionen
Pro Portion 13,5 g Kohlenhydrate (mit Agavendicksaft)

Apfelkompott mit Mandelblättchen

1 Die Mandelblättchen in einer Pfanne ohne Fett goldbraun rösten, dann beiseite stellen und abkühlen lassen.
2 Die Äpfel waschen, vierteln, entkernen und in kleine Würfel schneiden. In einen Topf geben, 75 Milliliter Wasser zufügen und bei schwacher Hitze 10 Minuten köcheln lassen.
3 Das Kompott kräftig mit dem Schneebesen durchrühren, in eine kleine Schüssel geben, mit dem Zimt bestreuen und mit den Mandelblättchen garnieren.

ZUTATEN
1 EL Mandelblättchen
1–2 Äpfel (200 g)
1 TL Zimt

♦ SNACK
Für 1 Portion
23,2 g Kohlenhydrate

dich. iss. schlank.

Das Endlosprogramm

iss.dich.schlank.

Eine gesunde Dauerernährung

Nachdem Sie feststellen konnten, wie eine einfache Umstellung Ihrer Ernährung, Ihr Appetitempfinden verändert, kommen Sie nun zur nächsten Stufe, zu dem iss.dich.schlank.-Endlosprogramm.

Dieses Programm beinhaltet ganz neue Regeln. Die Rezepte enthalten wieder Kohlenhydrate in Form von Kartoffeln, Naturreis und Vollkorngetreide, werden aber innerhalb einer Mahlzeit nicht gleichzeitig mit Eiweißen (Fleisch, Fisch, Eier) kombiniert. Denn Kohlenhydrate werden in einem basischen Milieu verdaut, die Eiweiße hingegen in einem sauren. Der Akt der Verdauung bedeutet für den Organismus Schwerstarbeit und wird oftmals unterschätzt. So können sich die Folgen von falsch kombinierten Speisen anfangs durch Sodbrennen, Völlegefühl, Blähungen, Verdauungsstörungen, bleierne Müdigkeit, später aber auch durch Übergewicht zeigen.

Kohlenhydrate und Eiweiß im Kombipack

Ob Hay, Atkins, Montignac oder Agatston – sie alle haben einen enormen Beitrag zur Erforschung und Bekämpfung des Übergewichts geleistet und wichtige Denkanstöße bezüglich der Nahrungszusammenstellung und Fettleibigkeit gegeben. Das gilt auch für die beiden Forscherinnen der University of Sydney, Susanne H. A. Holt und Janet C. Brand Miller. Sie fahndeten nach den Ursachen für das weltweit grassierende Übergewicht und den daraus resultierenden Stoffwechselerkrankungen. Sie testeten die Insulinentwicklung nach verschiedenen Mahlzeiten und entdeckten, warum es bei einer fettreduzierten, kohlenhydratbetonten und eiweißangereicherten Nahrung oftmals nicht zu einer Gewichtsabnahme kommt, sondern dies im Gegenteil zu noch mehr Fettleibigkeit führen kann. Das australische Team wollte es genauer wissen und fragte: Wie viel Insulin schüttet die Bauchspeicheldrüse nach isolierten Kohlenhydraten aus und wie viel, wenn man ihr – im Rahmen üblicher Mischkost – Fett und Eiweiß dazu serviert? Wer sich schon mit Trennkost beschäftigt hat, der ahnt es: Die Bauchspeicheldrüse antwortete bei verschiedenen gemischten Speisen mit einer stark ansteigenden Insulinkurve – noch höher als bei Weißbrot.

Was Dr. Howard Hay schon vor hundert Jahren wusste, wurde nun von wissenschaftlicher Seite bestätigt: Kohlenhydrate und Eiweiß im Kombipack sind für manchen Stoffwechsel das reinste Mastfutter.

> Das iss.dich.schlank.-Endlosprogramm entspricht den Regeln der Trennkost. Es handelt sich hierbei um keine Diät, sondern um eine Ernährungsform, die dauerhaft beibehalten werden kann, ohne dass Mangelerscheinungen auftreten.

Die drei Lebensmittelgruppen

Neben den eiweiß- und kohlenhydratreichen Nahrungsmitteln finden Sie im iss.-dich.schlank.-Kombiplan eine dritte

Lebensmittelgruppe, die so genannten Kombis. Sie beeinflussen weder die Eiweiß- noch die Kohlenhydratverdauung ungünstig, sondern harmonieren mit allen Nahrungsmitteln. Die Kombis sind nochmals in zwei Gruppen unterteilt – nach Säure bildender und Basen bildender Kost. Als Faustregel gilt: mit den Kombis Teil 1 bitte sparsam umgehen, mit den Kombis Teil 2 großzügig.

Vielleicht finden Sie es verwirrend, eiweißreiche Nahrungsmittel wie gesäuerte Milchprodukte mit Kohlenhydraten mischen zu können. Dies ist möglich, da diese Speisen leichter verdaulich sind: Bei Joghurt, Buttermilch, Quark usw. verändert sich durch den Säuerungsprozess das Eiweiß, es flockt aus – der Vorgang ähnelt einer Vorverdauung.

Auch bei Käsesorten aus roher Milch wird die Milch durch die Milchsäurebakterien gesäuert, sie flockt aus und hat somit ihre erste Verstoffwechslung bereits hinter sich. Dadurch wird der Käse leichter verdaulich. Erhitzte und pasteurisierte Käsesorten sind etwas schwerer verdaulich und zählen daher zu den Eiweißen.

Rohes Fleisch und roher Fisch sind ebenfalls eiweißreiche Lebensmittel. Sie zählen dennoch zu den Kombis, da ihre Zellstruktur noch unverändert ist. Durch Erhitzen verändern sich die Zellmembranen, verhärten und verdichten sich und werden dadurch schwerer verdaulich.

Sie können alle Lebensmittel essen – achten Sie nur auf die richtige Kombination!

Gehärtete Fette wandeln sich im Körper in Transfettsäuren um und können den Cholesterinspiegel in die Höhe treiben.

Ein kleiner Test zu Säuren und Basen

Geben Sie 50 Milliliter Essig in ein Glas und gießen Sie 100 Milliliter Wasser dazu. Was passiert? Gar nichts, Sie haben lediglich verdünntes Essigwasser. Geben Sie in ein anderes Glas 1 Teelöffel Natronpulver und schütten auch hier 100 Milliliter Wasser dazu. Wieder passiert nichts.

Nehmen Sie nun eine kleine Flasche und gießen Sie 50 Milliliter Essig hinein. Füllen Sie 1 leicht gehäuften Teelöffel Natronpulver in einen Luftballon und verschließen die Flasche vorsichtig mit der Öffnung des Luftballons, ohne dass Essig mit dem Natron in Berührung kommt. Erst wenn die Flasche gut verschlossen ist, lassen Sie Natron in den Essig rieseln. Sobald der saure Essig mit dem basischen Natron in Kontakt kommt, explodiert er förmlich, entwickelt Gase und bläht den Luftballon auf.

Dieser Versuch demonstriert, was im Magen passiert, wenn saure Früchte und stark eiweißhaltige Nahrungsmittel, die im Magen sauer vorverdaut werden, gleichzeitig mit stark kohlenhydrathaltigen Speisen, die im basischen Bereich verdaut werden, gegessen werden: Man bekommt einen Blähbauch und Sodbrennen, und der Verdauungsprozess wird behindert.

Der Säure-Basen-Haushalt

Der Organismus wird täglich mit einer Flut saurer Stoffe belastet. Diese Säuren entstehen im Stoffwechsel beim Ab- und Umbau der Nahrung, aber auch durch seelische Belastungen. Der Körper verfügt zwar über Fähigkeiten der Entgiftung, doch eine unaufhörliche Flut saurer Abfallstoffe kann auch der gesündeste Organismus auf Dauer nicht verkraften. Erste Anzeichen einer Übersäuerung ist eine bleierne Müdigkeit. Aber auch andere Beschwerden und Krankheiten wie Kopf- und Gliederschmerzen, Gicht, Rheuma, Herzinfarkt, Krebs usw. sind der Übersäuerung des Gewebes zuzuschreiben.

Diese schleichende Selbstvergiftung kann durch einen vernünftigen Lebenswandel, eine positive Einstellung und gesunde Ernährung verhindert bzw. aufgehalten werden. Dabei behilflich sind die Basen, chemisch gesehen das Gegenteil der Säuren. Diese basischen Stoffe befinden sich im Gemüse, in Salat, Rohkost, Obst, Kartoffeln sowie in wertvollen Ölen. Es handelt sich hierbei um Mineralien, Vitamine und Spurenelemente, die fähig sind, einen Überschuss an Säuren zu neutralisieren und aus dem Körper auszuscheiden.

Natürlich verfügt der Körper auch über eigene Basenreserven. Sie sind Bestandteil unserer Knochen, Knorpel, Gelenke, Seh-

iss. dich. schlank.

nen und Bänder. Werden dem Körper nicht genügend basische Stoffe über die Nahrung zugeführt, holt er sie sich aus den körpereigenen Depots. Geschieht dies über einen längeren Zeitraum, bauen Knochen, Muskulatur, Knorpel, Sehnen und Bänder langsam ab, und wir werden krank.

Damit dies nicht passiert, ist es wichtig, auf das richtige Verhältnis von Säuren und Basen bildenden Nahrungsmitteln zu achten. Der ideale Mix besteht aus 60 bis 80 Prozent basischen Lebensmitteln und 20 bis höchstens 40 Prozent Säurelieferanten

Darum achten Sie bei der Auswahl der Speisen auf mehr Qualität. Nehmen Sie lebendige Kost zu sich und nicht tote industrielle Nahrung. Essen Sie frisches Obst, Salate und Gemüse. Verwenden Sie hochwertige, kaltgepresste Öle und vermeiden Sie gehärtete Fette. Bevorzugen Sie Fisch, Meeresfrüchte und mageres Fleisch. Gepökelte und geräucherte Speisen sollten nicht zu oft auf dem Speiseplan stehen. Gleiches gilt für alkoholische Getränke, Limonaden, Süßstoffe, Zucker, Weißmehlprodukte und Fertiggerichte.

So versorgen Sie Ihren Körper optimal und wirken einer Übersäuerung entgegen.

Stark Basen bildend: Gemüse, Salate, Kartoffeln, Keimlinge, Sprossen, frische Kräuter, reifes Obst, Sahne

Mittel bis schwach Basen bildend: Pilze, frisch gepresste Säfte, Butter, Nüsse, Trockenobst

Stark Säure bildend: Fleisch- und Wurstwaren, Fisch- und Meeresfrüchte, Eier, Käse, Weißmehlprodukte, Nudeln, Hülsenfrüchte, raffinierter Zucker, Süßwaren, gehärtete Pflanzenfette, raffinierte Öle, Limonaden, Kaffee, schwarzer Tee, Kakao, alkoholische Getränke

Mittel bis schwach Säure bildend: Getreide, Vollkornprodukte, Quark, gesäuerte Milchprodukte

Der sportliche Tipp

Nordic Walking ist die ideale Ergänzung zu meinem iss.dich.schlank.-Konzept. Ich kenne keine Sportart, die problemloser für alle Alters- und Gewichtsklassen durchführbar ist. Anfangs milde belächelt, entwickelt sich dieses Laufen mit Stöcken zu einer wahren Gesundheitsbewegung. Denn viele haben erkannt, dass für einen gesunden Körper nicht nur die Ernährung, sondern auch Bewegung wichtig ist.

Ebenfalls sehr empfehlenswert ist Pilates-Training. Es wurde 1930 von Joseph Pilates entwickelt und hat zum Ziel, die Muskeln sanft zu stärken und zu formen. Mit Hilfe von Dehn- und Kräftigungsübungen wird die Haltung verbessert und ein kräftiges Körperzentrum aufgebaut. Tänzer, Schauspieler und Sportler schwören schon seit langem auf die positiven Effekte dieser Methode. Inzwischen gibt es zahlreiche Pilates-Kurse und auch Bücher mit detaillierten Anleitungen.

In den Rezepten und Plänen sind die eiweißreichen Mahlzeiten blau (◆), die kohlenhydratreichen Mahlzeiten orange (◆) und die neutralen Mahlzeiten grün (◆) gekennzeichnet.

Der große iss.dich.schlank.-Kombiplan

Überwiegend eiweißhaltige Gruppe

- Eiweißhaltige Speisen nur mit den Kombis verbinden (blau + grün)!

GEGARTE FLEISCHSORTEN ALLER ART

Bratenfleisch
Gulasch
Rinderhackfleisch
Rouladen
Schnitzel
Steaks
Kalb
Lamm
Geflügel
Gans
Ente
Wild
Fleischfond

- Schweinefleisch bitte meiden

GEGARTE FISCHSORTEN

Brasse
Flunder
Forelle
Heilbutt
Hering
Kabeljau
Krebs
Lachs
Langusten
Rotbarsch
Scholle
Seelachs
Seeteufel
Steckmuscheln
Thunfisch
Tintenfisch, unpaniert
Fischfond

EIER ALLER ART

Eier, gefüllt, gekocht und pochiert
Omelett
Rühreier
Spiegeleier

MILCH

Alle Trinkmilchsorten, egal welche Fettstufe

KÄSE

Alle erhitzten Käsesorten, wie z. B.
Allgäuer Bergkäse
Bel Paese
Biarom
Bierkäse
Blue Stilton
Bonbel
Burlander
Butterkäse
Cantadou
Cantal
Cheddar
Chester
Chorherrenkäse
Danbo
Donautaler
Edamer
Esrom
Fol Epi
Fontal
Gorgonzola
Gouda
Grünländer
Harvarti
Höhlenkäse
Illertaler
Jausenkäse
Maasdamer
Mondseer
Moosbacher
Münsterkäse
Old Amsterdamm
Original Sennkäse
Paladin
Pecorino
Pikantje von Gouda
Rottaler
Salzburger Bauernkäse
Steppenkäse
Tilsiter
Trappistenkäse

SOJAPRODUKTE

Sojafleisch
Tofu

GETRÄNKE

Obstsäfte
Sekt, trocken
Apfelwein
Weiß-, Rot- und Roséwein, herb

OBSTSORTEN

Brombeeren
Erdbeeren
Himbeeren
Johannisbeeren
Stachelbeeren
Äpfel, frisch
Aprikosen
Birnen
Kirschen
Mirabellen
Nektarinen
Pfirsiche
Pflaumen
Quitten
Reineclauden
Rhabarber
Sauerkirchen
Weintrauben

ZITRUSFRÜCHTE UND EXOTISCHE OBSTSORTEN

Ananas
Granatapfel
Grapefruits

Kaki
Kiwi
Kumquats
Limetten
Litschis
Mandarinen
Mango
Orangen
Papaya
Passionsfrüchte
Zitronen

SONSTIGES

Balsamessig und Himbeeressig
Tomaten, gekocht

Überwiegend kohlenhydrathaltige Gruppe

- Kohlenhydrathaltige Speisen nur mit den Kombis verbinden (orange + grün)!

VOLLKORNGETREIDE

Amaranth
Buchweizen
Bulgur
Dinkel
Gerste
Grünkern
Hafer
Hirse
Quinoa
Roggen
Weizen
Getreideflocken

VOLLKORNERZEUGNISSE

Vollkornbrot
Vollkornbrötchen
Kuchen und Gebäck aus Vollkornmehl
Vollkornnudeln
Naturreis

KARTOFFELN

Kartoffeln in jeder Form

OBST

Äpfel, abgelagert
Bananen
Datteln, frisch
Feigen, frisch
Trockenobst, ungeschwefelt

SÜSSUNGSMITTEL

Agavendicksaft
Ahornsirup
Birnen- und Apfeldicksaft
Frutilose
Fruchtzucker
Honig

- Diese Süßungsmittel dürfen alle in kleinen Mengen auch zum Abschmecken von Eiweißgerichten verwendet werden

SONSTIGES

Bier
Kartoffelstärke
Pilze, getrocknet
Tomaten, getrocknet

Frei kombinierbare Lebensmittel (= Kombis)

- Die Kombis sind in zwei Gruppen unterteilt – nach Säure bildender und Basen bildender Kost
- Teil 1 nicht zu üppig verwenden
- Teil 2 kann ohne Mengenbegrenzung verzehrt werden

Kombis Teil 1

FETTE

Butter
Margarine
und Plattenfette, ungehärtet
Öle, kaltgepresst

GESÄUERTE MILCHPRODUKTE

Buttermilch
Crème fraîche
Dickmilch
Joghurt
Kaffeesahne
Kefir
Quark
Sahne, sauer
Sahne, süß

SOJAPRODUKTE

Sojacreme
Soja Cuisine

KÄSE

Alle Käsesorten aus naturbelassener, roher Milch sind mit Milchsäurebakterien gesäuert, damit leichter verdaulich und zählen so zu den Kombis.
Bei pasteurisierten Käsesorten fehlt oftmals die natürliche Säuerung, dadurch sind diese etwas schwerer verdaulich und zählen zu den Eiweißen.

Hartkäse:

Beaufort
Caciocavallo
Comté
Fiore Sardo
Grana Padano
Greyerzer
Grüntener
Idiazábal
Jurassic
Kefalotiri

iss.dich.schlank.

Der große iss.dich.schlank.-Kombiplan

Manchego
Montasio
Original Parmesan
Provolone
Sbrinz Switzerland
Urtaler

◆ Diese Sorten eignen sich frisch gerieben gut zu Nudelgerichten

Schnittkäse:

Allgäuer Emmentaler
Appenzeller
Asiago Pressato
Fontina
Halloumi
Majorero
Morbier
Pyrenäenkäse
Reblochon de Savoie
Salers
Schweizer Raclette
Thurgauer
Tomme de Savoie
Wörishofener
Rahmgouda

◆ Diese Sorten eignen sich gut als Brotbelag und zum Überbacken

Weichkäse:

Amalthée
Banon Chèvre
Brie De Meaux
Brocciu
Cabrales
Camembert
Chaource
Coulommiers
Epoisses
Feta
Fromage Hansi
Liptauer
Mont d'Or
Munster Géromé
Pouligny Saint-Pierre
Roquefort
Saint Albray
Ziegenmünster

◆ Diese Sorten eignen sich gut als Brotbelag

Sauermilch- und Frischkäse:

Handkäse
Harzer Roller
Korbkäse
Mainzer
Olmützer Quargel
Tiroler Graukäse
Schafskäse
Ziegenkäse
Frischkäse
Körniger Frischkäse
Mascarpone
Mozzarella
Picandou Fermier
Ricotta
Robiola Osella
Bresso
(egal welche Fettstufe)

◆ Diese Sorten eignen sich gut als Brotbelag, teils zu Pellkartoffeln, teils auch zum Überbacken

ROHE, LUFTGETROCKNETE ODER ROH GERÄUCHERTE WURSTWAREN

Bündner Fleisch
Debrecziner
Salami
Schinken, roh
Lachsschinken

ROHES FLEISCH

Tatar

◆ Rohes Fleisch nur ganz frisch verwenden und nicht zu häufig verzehren

ROHE, MARINIERTE FISCHE

Bismarckhering
Matjeshering
Lachs, gebeizt
Sardellen

GERÄUCHERTE FISCHE

Aal
Bückling
Forelle
Heilbutt
Lachs
Makrele
Schillerlocken

NÜSSE UND SAMEN

Haselnüsse
Mandeln
Walnüsse
Kokosnuss
Leinsamen
Sesam
Sonnenblumenkerne
Mohn

◆ Erdnüsse bitte meiden, sie sind schwer verdaulich

ESSIGERSATZ

Brottrunk
Molkekonzentrat, vergoren (Molkosan)
Obstessig

KLARE HOCHPROZENTIGE SPIRITUOSEN

Korn
Obstbrand, klar
Wacholder

SONSTIGES

Eigelb
Gemüsebrühe
Hefe
Kokosmilch, frisch
Oliven
Rosinen

Kombis Teil 2

GEMÜSE

Artischocken
Auberginen
Avocados
Blumenkohl
Bohnen, grün
Brokkoli
Chicorée
Chinakohl
Erbsen, grün
Fenchel
Grünkohl
Gurken
Knoblauch
Kohlrabi
Kürbis
Lauch
Mais, frisch
Mangold
Melonen
Möhren
Okra
Palmherzen
Paprikaschoten
Peperoni
Radieschen
Rettich
Rosenkohl
Rote Bete
Rotkohl
Sauerkraut
Schwarzwurzel
Knollensellerie
Staudensellerie
Spargel
Spinat
Spitzkohl
Tomaten, roh
Topinambur
Weißkohl
Wirsing
Zucchini
Zwiebeln

BLATTSALATE

Bataviasalat
Eichblattsalat
Eisbergsalat
Endiviensalat
Feldsalat
Friséesalat
Kopfsalat
Lollo biondo
Lollo rosso
Radicchio
Rauke/Rucola
Römischer Salat

PILZE

Austernpilze
Champignons
Egerlinge
Morcheln
Pfifferlinge
Shiitake-Pilze
Steinpilze oder andere Waldpilze
Trüffel

SPROSSEN UND KEIME

Alfalfasprossen
Mungobohnensprossen
Radieschensprossen oder andere Keime

GELIERMITTEL

Agar-Agar (eine pulverisierte Meeresalge)
Biobin (pflanzliches Bindemittel aus Johannisbrotkernmehl)
Gelatine (tierisches Produkt)

SONSTIGES

Gewürze (Meerrettich, Pfeffer, Senf, Zitrusschalen)
Heidelbeeren
Kräuter
Kräutertees
Malzkaffee
Naturmolke
Stevia

Diese Nahrungsmittel sollten Sie möglichst meiden:

- Weißes Mehl und die daraus hergestellten Produkte, z. B. süße und pikante Backwaren sowie Nudeln und polierten Reis
- Zucker, Süßstoffe und daraus hergestellte Produkte, z. B. Süßwaren, Marmeladen und Gelees
- Fertiggerichte und Konserven
- Schweinefleisch, Wurst und Schinken vom Schwein und rohes Fleisch
- Gehärtete Fette, z. B. normale Margarine, feste, weiße Frittier- und Bratfette (Plattenfette)
- Bohnenkaffee, schwarzer Tee und Kakao in großen Mengen
- Hochprozentige Spirituosen

Wochenplan für das Endlosprogramm

	Frühstück	Snack
ERSTER TAG Montag	Birnensalat mit Hüttenkäse Eiweiß **Seite 81**	1 Stück frisches Obst Eiweiß
ZWEITER TAG Dienstag	Dinkel-Bananen-Müsli Kohlenhydrate **Seite 82**	1 säuerlicher Apfel Eiweiß
DRITTER TAG Mittwoch	Gurkentatar mit Mozzarella Kombi **Seite 25**	1 Orange Eiweiß
VIERTER TAG Donnerstag	Apfelwürfel mit Ziegenfrischkäse Eiweiß **Seite 51**	150 g Joghurt Kombi
FÜNFTER TAG Freitag	Frisches Obst der Saison Eiweiß	Frisches Obst der Saison Eiweiß
SECHSTER TAG Samstag	Joghurt mit Sonnen-blumenkeimen Eiweiß **Seite 52**	1 Banane Kohlenhydrate
SIEBTER TAG Sonntag	Omelett-Pilz-Salat Eiweiß **Seite 26**	Marmorierte Beerengrütze Eiweiß **Seite 135**

dich. iss. schlank.

Mittag	Snack	Abend
Blumenkohl mit Krabbensalat Eiweiß **Seite 95**	Saftiges Käse-Apfel-Brot Kohlenhydrate **Seite 83**	Curry-Kohl mit Bratwurst Eiweiß **Seite 101**
Scharfe Hackbällchen auf Asia-Gemüse Eiweiß **Seite 101**	1 rote Paprika mit 100 g Hüttenkäse Kombi	Rucola mit gebratenen Champignons, dazu 1 Steak Eiweiß **Seite 87**
Aprikosen-Bulgur-Salat mit Äpfeln Kohlenhydrate **Seite 131**	Quark-Zitronen-Creme Eiweiß **Seite 66**	Bauernsalat mit gebackenem Schafskäse Kohlenhydrate **Seite 117**
Geflügelsalat mit Joghurt-Dressing auf Chicorée Eiweiß **Seite 97**	Gefülltes Schinkenbrötchen Kohlenhydrate **Seite 83**	Gefüllte Tomaten aus dem Ofen mit grünem Salat Eiweiß **Seite 115**
Ofenkartoffel mit Matjesstipp Kohlenhydrate **Seite 112**	Salami-Käse-Häppchen Eiweiß **Seite 31**	Bunter Salat mit Roastbeefstreifen Eiweiß **Seite 96**
Serbischer Hackfleischtopf Eiweiß **Seite 103**	Süße Heidelbeer-Schichtspeise Eiweiß **Seite 137**	Gemüsekuchen vom Blech Kohlenhydrate **Seite 133**
Pikantes Puten-Saltimbocca Eiweiß **Seite 103**	Mandelhäufchen Kohlenhydrate **Seite 136**	Reisnudeln in Kokossauce Kohlenhydrate **Seite 124**

Birnensalat mit Hüttenkäse

1 Die Rosinen mit kochendem Wasser übergießen, 5 Minuten ziehen lassen, dann abgießen und abtropfen lassen.
2 Die Birne waschen, vierteln, entkernen und in kleine Würfel schneiden. Die Stücke sofort mit dem Zitronensaft beträufeln. Die Rosinen untermischen und den Salat mit dem körnigen Frischkäse servieren.

Der iss.dich.schlank.Tipp

Statt der Birne können Sie jedes beliebige Obst der Saison für den Salat verwenden. Möchten Sie eine Banane dazu essen, dann keinen Zitronensaft nehmen. Mit der Banane wird dieser Snack zu einer Kohlenhydratmahlzeit.

ZUTATEN
1 EL Rosinen
1 Birne
1 EL Zitronensaft
100 g körniger Frischkäse (Hüttenkäse)

♦ EIWEISS
Frühstück/Snack
Für 1 Portion

Obstsalat mit Mandarinen-Joghurt-Sauce (Foto)

1 Die Litschis schälen, vom Kern befreien und klein würfeln. Die Kiwi schälen, längs halbieren und in Scheiben schneiden. Eine Mandarine schälen und das Fruchtfleisch in kleine Würfel schneiden. Die Früchte auf einem Dessertteller anrichten.
2 Für die Sauce die zweite Mandarine auspressen und den Ingwer schälen und fein reiben. Den Mandarinensaft mit Zitronensaft, Joghurt, Ingwer und Stevia bzw. Ahornsirup verrühren und über den Obstsalat gießen. Mit Minze garnieren und sofort servieren.

ZUTATEN
5 Litschis
1 Kiwi
2 Mandarinen
1 haselnussgroßes Stück Ingwer
1 TL Zitronensaft
100 g Joghurt
1 Msp. Stevia oder
1–2 TL Ahornsirup
2 Minzeblättchen

♦ EIWEISS
Frühstück/Snack
Für 1 Portion

Dinkel-Bananen-Müsli

ZUTATEN
40 g Dinkelkörner
1 EL Mandelblättchen
1 kleine Banane
150 g Joghurt
1 Msp. Stevia oder
1 TL flüssiger Honig

♦ KOHLENHYDRATE
Frühstück/Snack
Für 1 Portion

1 Den Dinkel in einen Topf geben, knapp mit Wasser bedecken und etwa 8 Stunden (am besten über Nacht) quellen lassen. Dann die Körner mit dem Einweichwasser zum Kochen bringen und bei schwacher Hitze in 25 bis 30 Minuten garen. Den Dinkel abgießen, abtropfen und auskühlen lassen.
2 Die Mandelblättchen in einer Pfanne ohne Fett goldbraun rösten.
3 Die Banane schälen und in kleine Würfel schneiden. Den Joghurt mit Stevia bzw. Honig cremig rühren, Bananenstücke und Dinkelkörner unterrühren und alles mit den Mandelblättchen bestreuen.

DER iss.dich.schlank.TIPP

Dinkel ist ein sehr wertvolles Getreide. Er enthält viele Ballaststoffe, Vitamine und Mineralstoffe sowie hochwertiges Eiweiß. Bereiten Sie die doppelte Menge Dinkel zu und verwenden Sie den Rest für den Dinkel-Käse-Salat auf Seite 96.

Joghurt-Pflaumen-Müsli

ZUTATEN
4 getrocknete Pflaumen
125 g Joghurt
1 Msp. Stevia oder
1 TL flüssiger Honig
3 EL Haferflocken
1 EL Sonnenblumenkerne

♦ KOHLENHYDRATE
Frühstück/Snack
Für 1 Portion

1 Die Pflaumen in kleine Stücke schneiden, mit wenig Wasser bedecken und über Nacht quellen lassen.
2 Am nächsten Tag den Joghurt mit den Pflaumen und dem Einweichwasser verrühren. Mit Stevia bzw. Honig leicht süßen.
3 Die Haferflocken und Sonnenblumenkerne in eine kleine Schüssel geben und mit dem Pflaumenjoghurt mischen.

dich. iss. schlank.

Gefülltes Schinkenbrötchen

1 Vom Brötchen einen Deckel abschneiden und das Unterteil leicht aushöhlen. Die Butter in einer Pfanne schmelzen lassen und das Innere des Brötchens zusammen mit den Sonnenblumenkernen darin bei mittlerer Hitze knusprig rösten, dann beiseite stellen.
2 Die Salatblätter waschen, trockenschütteln und in feine Streifen schneiden. Den Schinken fein würfeln. Die Radieschen putzen und grob hacken.
3 Schinken, Radieschen und Quark mit dem Brot und den Sonnenblumenkernen vermischen. Mit Pfeffer und Kräutersalz würzen.
4 Die Mischung in das ausgehöhlte Brötchen geben, mit den Salatstreifen belegen und den Deckel obenauf setzen.

DER iss.dich.schlank.TIPP

Sie können den Brötchenbelag nach Belieben variieren. Nehmen Sie beispielsweise statt Schinken luftgetrocknete Salami und statt Sonnenblumenkernen klein gehackte Walnüsse.

ZUTATEN

1 Vollkornbrötchen
1 TL Butter
1 EL Sonnenblumenkerne
2 Salatblätter
30 g roher Rinder- oder Lammschinken
4 Radieschen
2 EL Quark (20 % Fett)
Pfeffer
Kräutersalz

♦ **KOHLENHYDRATE**
Frühstück/Snack
Für 1 Portion

Saftiges Käse-Apfel-Brot

1 Den Apfel waschen, vierteln, das Kerngehäuse herausschneiden und die Apfelviertel in dünne Spalten schneiden.
2 Den Käse mit einer Gabel fein zerdrücken und mit dem Quark verrühren. Mit dem Kräutersalz leicht würzen.
3 Das Brot mit der Käsecreme bestreichen, mit den gehackten Nüssen bestreuen und mit einigen Apfelspalten belegen. Zusammen mit den restlichen Apfelspalten auf einem Teller anrichten.

ZUTATEN

1 mürber Apfel
30 g reifer Camembert
1 EL Quark (20 % Fett)
Kräutersalz
1 Scheibe Vollkornbrot
1 EL grob gehackte Walnüsse

♦ **KOHLENHYDRATE**
Frühstück/Snack
Für 1 Portion

dich. iss. schlank.

Pikante Käsestangen

ZUTATEN
250 g feines Dinkelvollkornmehl
100 g geriebener Greyerzer
100 g Butter
100 g Joghurt
1 kleines Eigelb
2 EL Kümmel oder Sesam

♦ KOHLENHYDRATE
Snack
Für 30 Stangen

1 Das Mehl mit Käse, Butter und Joghurt zu einem geschmeidigen Teig verkneten.
2 Den Teig in 30 gleich große Stücke teilen und diese auf einer bemehlten Arbeitsfläche nacheinander zu etwa 10 Zentimeter langen Stangen rollen. Den Backofen auf 200 °C vorheizen.
3 Das Eigelb mit 1 Esslöffel Wasser verquirlen und die Stangen damit bestreichen. Dann nach Belieben in Kümmel oder Sesam wenden, auf ein gefettetes Backblech legen und etwa 15 bis 18 Minuten backen.

Der iss.dich.schlank. Tipp

Die Käsestangen eignen sich ideal als kleine Nascherei am Arbeitsplatz. Geben Sie die abgekühlten Stangen in eine kleine, gut verschließbare Box. Trocken und kühl aufbewahrt, sind sie 1 Woche haltbar.

Kräuterbrot

ZUTATEN
1 Bund Kräuter (z. B. Petersilie, Majoran, Kerbel, Salbei)
je 275 g feines Weizen- und Roggenvollkornmehl
1 Würfel Hefe (42 g)
100 g Joghurt
150 g flüssiger Sauerteig (aus dem Reformhaus)
1–2 TL Salz
1 EL schwarze Pfefferkörner

♦ KOHLENHYDRATE
Für 1 Brot

1 Die Kräuter waschen, Blätter von den Stielen zupfen und fein hacken.
2 Das Weizenmehl mit dem Roggenmehl in einer Schüssel mischen, in die Mitte eine Vertiefung drücken und die Hefe hineinbröseln. Mit 8 Esslöffel lauwarmem Wasser zu einem Vorteig rühren und zugedeckt 20 Minuten an einem warmen Ort gehen lassen.
3 Ca. 170 Milliliter lauwarmes Wasser, Joghurt, Sauerteig, Salz und Kräuter zugeben und alles kräftig zu einem geschmeidigen Teig kneten. Daraus ein längliches Brot formen, auf ein mit Backpapier ausgelegtes Blech legen und zugedeckt 20 bis 30 Minuten gehen lassen. Den Backofen auf 200 °C vorheizen.
4 Den Teig auf der Oberfläche mit einem Messer einschneiden und mit etwas lauwarmen Wasser bepinseln. Die Pfefferkörner mit einem breiten Messer zerdrücken und gleichmäßig auf dem Teig verteilen. Das Brot im Backofen ca. 1 Stunde backen. Wer das Brot schön knusprig mag, stellt eine mit Wasser gefüllte kleine feuerfeste Schüssel in den Ofen.

Minibrötchen mit zweierlei Frischkäsecremes

1 Die Hirse mit Weizenmehl, Thymian und Salz mischen. Petersilie waschen, trockenschütteln und fein hacken. Den Quark mit einem Eigelb und der Petersilie verrühren und nach und nach das gewürzte Mehl gründlich unterkneten. Den Backofen auf 180 °C vorheizen.
2 Aus dem Teig 14 kleine Kugeln formen, diese etwas flach drücken und auf ein mit Backpapier ausgelegtes Backblech setzen. Die Minibrötchen mit dem verquirlten zweiten Eigelb bestreichen und nach Belieben mit Sesam, Mohn oder Kümmel bestreuen. Die Brötchen etwa 15 Minuten backen, aus dem Ofen nehmen und leicht auskühlen lassen.

ZUTATEN
50 g fein gemahlene Hirse
90 g feines Weizenvollkornmehl
1 TL Thymian, Meersalz
5 Zweige Petersilie
125 g Quark (20 % Fett)
2 Eigelbe
Sesam-, Mohn- oder Kümmelsamen

♦ KOHLENHYDRATE
Snack
Für 14 Minibrötchen

Lachscreme

1 Den Lachs in feine Würfel schneiden. Den Dill waschen, trockenschütteln und drei Viertel davon fein hacken.
2 Frischkäse mit Meerrettich und dem gehackten Dill verrühren und den Lachs untermischen. Von dem restlichen Dill Fähnchen abzupfen und die Creme garnieren.

ZUTATEN
100 g geräucherter Lachs
1 Bund Dill
100 g Frischkäse
1–2 TL Meerrettich (aus dem Glas)

♦ KOMBI/NEUTRAL

Käsecreme

1 Die Radieschen waschen, putzen und fein stifteln.
2 Den Camembert mit einer Gabel fein zerdrücken, mit dem Frischkäse und den Radieschen verrühren. Die Creme mit dem Kräutersalz leicht würzen und mit dem Paprikapulver bestauben.

ZUTATEN
5 Radieschen
80 g reifer Camembert
100 g Frischkäse
Kräutersalz
1 TL Paprikapulver

♦ KOMBI/NEUTRAL

ZUTATEN

1 Fenchelknolle
1 haselnussgroßes Stück Ingwer
2 kleine Orangen
1 EL Rosinen
1 Msp. Zimt
125 g Joghurt
1 Msp. Cayennepfeffer
Meersalz

♦ EIWEISS
Snack
Für 1 Portion

Orangen-Fenchel-Salat mit Ingwer

1 Den Fenchel waschen, putzen, halbieren und den Strunk keilförmig herausschneiden. Den Fenchel grob raspeln, etwas Fenchelgrün hacken und beiseite legen. Den Ingwer schälen und sehr fein hacken.

2 Den Saft von 1/2 Orange auspressen. Die andere Hälfte und die ganze Orange schälen und das Fruchtfleisch in kleine Würfel schneiden – wer will, kann die Orange auch filetieren. Rosinen heiß waschen und abtropfen lassen.

3 Fenchel, Orangenwürfel und Rosinen mischen und in einer Schüssel anrichten. Für das Dressing den Orangensaft mit Ingwer, Zimt und Joghurt mischen. Mit Cayennepfeffer und Salz würzen. Das Dressing mit dem Salat vermischen und alles mit dem Fenchelgrün bestreuen.

dich. iss. schlank.

Eisbergsalat mit Kräuter-Vinaigrette

1 Den Salat putzen, waschen, trockenschleudern und in mundgerechte Stücke zerteilen. Die Zwiebel schälen und fein hacken. Die Kräuter waschen, trockenschütteln und fein hacken.

2 Für das Dressing Obstessig mit 2 Esslöffel Wasser mischen. Sonnenblumenöl, Kräutersalz, Pfeffer, Stevia bzw. Frutilose und die Kräuter unterrühren. Das Dressing über den Salat gießen und alles gut vermischen.

Der iss.dich.schlank. Tipp

Zum Mitnehmen den geputzten Salat in einen Gefrierbeutel mit Reißverschluss verpacken. Das Dressing in einem verschließbaren Glas transportieren und erst kurz vor dem Essen über den Salat gießen. Ergänzen Sie den Salat mit Schafskäse und hart gekochten Eiern.

ZUTATEN

1 Eisbergsalat
1 kleine Zwiebel
1 kleines Bund Kräuter (z.B. Zitronenmelisse, Petersilie, Schnittlauch)
1 EL Obstessig
1 EL Sonnenblumenöl
Kräutersalz, Pfeffer
1 Msp. Stevia oder
1 TL Frutilose

♦ KOMBI/NEUTRAL
Snack
Für 1 Portion

Feldsalat mit gebratenen Champignons

1 Die Champignons putzen und in Scheiben schneiden. 2 Teelöffel Öl in einer beschichteten Pfanne erhitzen und die Champignons darin unter Wenden braun anbraten. Mit dem Salz leicht würzen.

2 Den Feldsalat putzen und gründlich waschen. Die Tomaten waschen und halbieren. Champignons, Feldsalat und Tomaten in eine Schüssel geben.

3 Für das Dressing die Petersilie waschen, trockenschütteln und fein hacken. Die Schalotte schälen und fein würfeln. Essig mit restlichem Öl, Brühe, Pfeffer und Salz verrühren, Petersilie und Schalottenwürfel untermischen. Das Dressing über den Salat gießen und umrühren. Den Salat auf einem Teller anrichten und die Oliven darauf verteilen.

ZUTATEN

100 g Champignons
3 TL Olivenöl, Meersalz
50 g Feldsalat
6 Kirschtomaten
3 Zweige Petersilie
1 kleine Schalotte
1 EL Obstessig
2 EL Gemüsebrühe
Pfeffer
6 Oliven

♦ KOMBI/NEUTRAL
Snack
Für 1 Portion

dich. iss. schlank.

Rohkostplatte mit Joghurt-Dressing

ZUTATEN
1 große Möhre, 1 kleiner Rettich, 1 Stück Salatgurke (10 cm), Meersalz
1 Tomate, 1 TL Senf
2 EL Joghurt, 1 EL Obstessig, Pfeffer Kräutersalz
1/2 Bund glatte Petersilie

♦ KOMBI/NEUTRAL
Snack
Für 1 Portion

1 Die Möhre und den Rettich waschen, putzen und beides fein raspeln. Die Gurke schälen und in feine Scheiben hobeln. Die Scheiben leicht salzen, kurze Zeit ziehen lassen und ausdrücken.
2 Die Tomate waschen, von dem Stielansatz befreien und in schmale Spalten schneiden. Das Gemüse nach Sorten getrennt auf einer kleinen Platte anrichten.
3 Für das Dressing den Senf mit Joghurt, Essig und 2 Esslöffel Wasser cremig verrühren. Mit Pfeffer und Kräutersalz würzen.
4 Die Petersilie waschen, trockentupfen und fein hacken. Die Sauce über den Salat gießen und alles mit der Petersilie bestreuen.

Grüner Gemüsesalat

ZUTATEN
100 g grüne Bohnen
Meersalz
1 Stängel Bohnenkraut
1 Stück Salatgurke (10 cm)
1 grüne Paprikaschote
30 g Feldsalat
1 kleine Zwiebel
1/2 Bund glatte Petersilie
1 EL Sojacreme
1 EL Obstessig, Pfeffer
1 TL Öl (z.B. Walnussöl)
1 EL Pinienkerne

♦ KOMBI/NEUTRAL
Snack
Für 1 Portion

1 Die Bohnen waschen, putzen und in etwa 3 Zentimeter lange Stücke schneiden. Salzwasser zum Kochen bringen. Bohnen und Bohnenkraut zugeben, die Bohnen in 12 Minuten bissfest garen. Herausnehmen, kalt abschrecken und abkühlen lassen. Etwas Bohnenwasser beiseite stellen.
2 Die Gurke schälen, halbieren und die Kerne mit einem Löffel herausschaben. Die Gurke in kleine Würfel schneiden. Die Paprikaschote waschen, halbieren, putzen und klein würfeln. Den Feldsalat putzen und sorgfältig waschen. Alles auf einem Teller anrichten.
3 Für das Dressing die Zwiebel schälen und fein hacken. Die Petersilie waschen, trockentupfen und ebenfalls fein hacken. 3 Esslöffel Bohnenwasser mit Sojacreme, Essig, Pfeffer und Salz verrühren und das Öl unterschlagen. Zwiebelwürfel und Petersilie untermischen, die Sauce über den Salat gießen und alles mit den Pinienkernen bestreuen.

Italienischer Zucchinisalat

ZUTATEN
50 g Mais (TK)
1–2 Knoblauchzehen
1 Zucchini
1 EL Olivenöl
2 Tomaten
1/2 Bund glatte Petersilie
Meersalz
frisch gemahlener Pfeffer
1/2 TL getrockneter Thymian

♦ **KOMBI/NEUTRAL**
Snack
Für 1 Portion

1 Den Mais auftauen lassen. Den Knoblauch schälen und hacken. Zucchini waschen, Blüten- und Stielansatz entfernen und die Frucht in kleine Würfel schneiden.
2 Das Öl in einer beschichteten Pfanne erhitzen, Knoblauch und Zucchini darin unter Wenden bei starker Hitze anbraten. Anschließend auskühlen lassen.
3 Die Tomaten waschen, von den Stielansätzen befreien und würfeln. Die Petersilie waschen, trockentupfen und fein hacken. Die Tomaten mit den Zucchiniwürfeln mischen, den Mais unterrühren und alles mit Salz, Pfeffer und Thymian würzen. Mit der Petersilie bestreut servieren.

Der iss.dich.schlank. Tipp

Tomaten haben es in sich: Der rote Farbstoff Lycopin stärkt die Abwehr und soll das Risiko bestimmter Krebserkrankungen senken. Da sie zu ca. 95 % aus Wasser bestehen, zudem besonders viel Kalium enthalten, treiben Tomaten das Wasser aus dem Körper und sind zur Gewichtsabnahme ideal.

Eichblattsalat mit Radieschen-Dressing

ZUTATEN
1 kleiner Kopf Eichblattsalat
4 Kirschtomaten
60 g Mungobohnensprossen
4 Radieschen
60 g Joghurt
1 EL Obstessig
Meersalz, Pfeffer
1/2 Bund glatte Petersilie

♦ **KOMBI/NEUTRAL**
Snack
Für 1 Portion

1 Den Eichblattsalat putzen, waschen, gut abtropfen lassen und in mundgerechte Stücke zerpflücken. Die Tomaten waschen und halbieren. Die Sprossen waschen, verlesen und abtropfen lassen. Den Salat mit den Tomaten und Sprossen auf einem Teller anrichten.
2 Für das Dressing die Radieschen putzen und in möglichst feine Würfel schneiden. Den Joghurt mit 1 Esslöffel Wasser, Essig, Salz und Pfeffer verrühren, zum Schluss die Radieschenwürfel untermischen.
3 Die Petersilie waschen, trockentupfen und fein hacken. Die Sauce auf dem Salat verteilen und alles mit der Petersilie bestreuen.

Ingwer-Möhren-Suppe mit Sahnehäubchen

ZUTATEN
150 g Möhren
1 haselnussgroßes Stück Ingwer
1 TL Butter, 1 TL Currypulver, 1/2 TL Zimt
1/2 TL Kardamom
1/2 TL Honig
300 ml Gemüsebrühe
einige Stängel glatte Petersilie
1 TL Sahne

♦ KOMBI/NEUTRAL
Snack
Für 1 Portion

1 Die Möhren waschen, putzen und würfeln. Den Ingwer schälen und fein hacken.
2 Die Butter in einem Topf erhitzen, Ingwer und Möhren darin unter Rühren leicht anbraten. Mit Currypulver, Zimt, Kardamom und Honig fein würzen, die Brühe zugießen und alles zugedeckt bei schwacher Hitze 15 Minuten köcheln lassen. Inzwischen die Petersilie waschen, trockentupfen und fein hacken.
3 Die Suppe 2 bis 3 Minuten mit dem Schneidestab pürieren, bis sie schaumig ist. Mit einem Sahneklecks versehen und die Petersilie darüber streuen.

DER iss.dich.schlank.TIPP

Frischer Ingwer gibt vielen Gerichten einen herrlichen Geschmack. Fein gehackt oder in dünne Scheibchen geschnitten, aromatisiert er Fleisch ebenso wie Süßspeisen oder Limonaden. Zudem harmonisiert er sehr gut mit Knoblauch.

Feine Kräuter-Zwiebel-Suppe (Foto)

ZUTATEN
2 Frühlingszwiebeln
1 TL Butter
280 ml Gemüsebrühe
1 kleines Bund Kräuter (Schnittlauch, Petersilie, Majoran)
2 EL Sahne
Kräutersalz
1 Msp. Cayennepfeffer

♦ KOMBI/NEUTRAL
Snack
Für 1 Portion

1 Die Frühlingszwiebeln putzen und waschen. Das Grün in Röllchen schneiden, das Weiße in kleine Würfel schneiden. Etwa 1 Esslöffel Zwiebelröllchen beiseite legen.
2 Die Butter erhitzen und die Zwiebelröllchen und -würfel darin glasig dünsten. Die Brühe zugießen und die Suppe zugedeckt bei schwacher Hitze 8 bis 10 Minuten köcheln lassen.
3 Die Kräuter waschen, trockenschütteln, grob hacken und zur Suppe geben. Die Sahne unterrühren und alles mit dem Schneidestab pürieren. Die Suppe mit Salz und Cayennepfeffer pikant abschmecken und mit den beiseite gelegten Zwiebelröllchen bestreuen.

Scharfe Thai-Suppe mit Tofu

ZUTATEN
80 g Tofu
1 kleine Stange Lauch
1 rote Paprikaschote
75 g Austernpilze, 1 TL Öl
1/4 l Gemüsebrühe
1/2 TL rote Currypaste
1 Msp. Sambal Oelek
1 EL dunkle Sojasauce
Meersalz
frischer Koriander

♦ EIWEISS
Hauptgericht
Für 1 Portion

1 Den Tofu abtropfen lassen, klein würfeln und beiseite stellen.
2 Den Lauch putzen, längs vierteln, gründlich waschen und in kleine Streifen schneiden. Die Paprikaschote waschen, halbieren, putzen und in dünne Streifen schneiden. Die Austernpilze putzen und würfeln.
3 Das Öl in einem Topf erhitzen. Lauch, Paprika und Pilze darin unter Rühren etwa 5 Minuten kräftig anbraten. Mit der Brühe ablöschen und aufkochen lassen. Die Suppe mit Currypaste, Sambal Oelek, Sojasauce und etwas Meersalz würzen. Die Tofuwürfel untermischen und alles mit dem Koriander bestreuen.

DER iss.dich.schlank.TIPP

Tofu gehört zu den basischen Lebensmitteln. Eigentlich zählt er zu den Eiweißen, nach neuesten Erkenntnissen müsste er jedoch den neutralen Lebensmitteln zugeordnet werden.

Asiatische Fischsuppe mit Kokos

ZUTATEN
2 Tomaten, 2 Schalotten
2 Möhren, 100 g Zuckerschoten, 180 g Fischfilet
1 TL Olivenöl
1 Briefchen Safranfäden
180 ml Gemüsebrühe
75 ml Kokosmilch
Meersalz
1 TL gelbe Currypaste
5 rohe Garnelen, geschält
2 EL Sojasprossen

♦ EIWEISS
Hauptgericht
Für 1 Portion

1 Die Stielansätze der Tomaten entfernen, die Tomaten überbrühen, häuten und das Fruchtfleisch grob würfeln.
2 Die Schalotten schälen und fein hacken. Die Möhren schälen und fein würfeln. Zuckerschoten waschen, putzen und halbieren. Fischfilet waschen und in mundgerechte Stücke schneiden.
3 Das Öl in einem Topf erhitzen und die Schalottenwürfel darin bei schwacher Hitze glasig werden lassen. Möhren, Tomaten und Zuckerschoten zufügen und kurz mitdünsten. Mit dem Safran bestauben, mit der Brühe und Kokosmilch ablöschen. Zugedeckt 3 Minuten köcheln lassen, mit Salz und Currypaste würzen.
4 Die Garnelen unter fließendem Wasser waschen, dabei den schwarzen Darm entfernen. Die Garnelen mit den Fischstücken zur Suppe geben. Bei schwacher Hitze 8 bis 10 Minuten garen. Mit den Sojasprossen bestreut servieren.

Reiseintopf mit Curry-Sahne

1. Den Reis mehrmals waschen, bis das Wasser klar ist. In einen Topf geben, mit leicht gesalzenem Wasser bedecken und bei schwacher Hitze 30 Minuten köcheln lassen. Den Herd ausschalten, den Reis 10 Minuten quellen lassen, dann abgießen und abtropfen lassen.
2. Den Lauch putzen, längs vierteln, gründlich waschen und in kleine Stücke schneiden. Die Möhren waschen, putzen und fein würfeln.
3. Die Butter in einem Topf schmelzen. Lauch, Möhren und Erbsen dazugeben und 3 Minuten unter Rühren anbraten, die Brühe zugießen und alles zugedeckt 15 Minuten köcheln lassen. Danach mit einem Schaumlöffel ein Drittel des Gemüses aus der Suppe heben und beiseite stellen.
4. Die Suppe im Topf mit dem Schneidestab pürieren. Gemüse und Reis in die Suppe geben, mit Liebstöckel und Cayennepfeffer würzen. Petersilie waschen, trockenschütteln und fein hacken. Den Eintopf mit Salz abschmecken und in einem tiefen Teller anrichten. Die saure Sahne mit dem Currypulver würzen, leicht unterrühren und die Suppe mit der Petersilie bestreut servieren.

ZUTATEN

60 g Vollkorn-Rundreis
Meersalz
1 kleine Stange Lauch
2 Möhren
1 EL Butter
50 g Erbsen (TK)
350 ml Gemüsebrühe
1 EL frisch gehackter Liebstöckel
1 Msp. Cayennepfeffer
1/2 Bund Petersilie
1 EL saure Sahne
1 TL Currypulver

♦ KOHLENHYDRATE
Hauptgericht
Für 1 Portion

Feine Majoran-Kartoffel-Suppe mit Debrecziner

1. Die Kartoffeln schälen, waschen und in kleine Würfel schneiden. Petersilie waschen, trockentupfen und fein hacken. Majoran ebenfalls waschen, trockentupfen, die Blättchen von den Stielen zupfen und fein hacken. Die Debrecziner in dünne Scheiben schneiden.
2. Die Butter in einem Topf schmelzen. Kartoffeln unter Rühren bei mittlerer Hitze 2 bis 3 Minuten anbraten. Die Gemüsebrühe dazugießen, mit dem Majoran und Kümmel würzen und zugedeckt etwa 15 bis 18 Minuten köcheln lassen. Die Suppe mit dem Schneidestab pürieren, mit der Sahne verfeinern und in einen Teller füllen.
3. Die Debrecziner in die Suppe geben und mit der frisch gehackten Petersilie bestreut servieren.

ZUTATEN

200 g mehlig kochende Kartoffeln
4 Zweige Petersilie
1 Zweig frischer Majoran
1 Pärchen Debrecziner
1 EL Butter
300 ml Gemüsebrühe
1/2 TL Kümmel
2 EL Sahne

♦ KOHLENHYDRATE
Hauptgericht
Für 1 Portion

ZUTATEN

1 Scheibe Vollkornbrot
1 EL Butter
1/2 kleiner Eisbergsalat
1/2 kleines Bund Rucola
6 Radieschen
1 gelbe Paprikaschote
1 Tomate, 7 Oliven
3 Zweige Petersilie
1 EL Obstessig
1 TL Olivenöl
Pfeffer, Meersalz
1 EL geriebener Parmesan

♦ KOHLENHYDRATE

Hauptgericht
Für 1 Portion

Bunter Brotsalat mit Parmesan-Dressing

1 Das Brot in 2 bis 3 Zentimeter kleine Würfel schneiden. Die Butter in einer beschichteten Pfanne schmelzen und das Brot darin rundherum knusprig braten, dann beiseite stellen.

2 Eisbergsalat und Rucola putzen, waschen, abtropfen lassen und in mundgerechte Stücke zerpflücken. Die Radieschen putzen und in Scheiben schneiden. Die Paprikaschote halbieren, putzen, waschen und in Würfel schneiden. Die Tomate waschen, von dem Stielansatz befreien und in schmale Spalten schneiden.

3 Die vorbereiteten Salatzutaten zusammen mit den Oliven in einer Schüssel mischen.

4 Für das Dressing die Petersilie waschen, trockenschütteln und fein hacken. Mit Essig, Öl, 2 Esslöffel Wasser, Pfeffer, Salz und Parmesan verrühren. Das Dressing über den Salat gießen und alles mischen. Den Salat mit den gerösteten Brotwürfeln bestreuen und servieren.

Gurke mit Lachstatar

1 Den Dill waschen, trockenschütteln und fein hacken.
2 Die Gurke schälen, längs halbieren und mit einem Löffel die Kerne entfernen. Von der Unterseite der Gurkenhälften einen Streifen abschneiden, damit sie stehen bleiben. Die Gurkenhälften leicht salzen, dann dick mit Dill bestreuen.
3 Die Zwiebel schälen und fein hacken. Den Lachs in sehr feine Würfel schneiden. Eigelb mit Crème fraîche cremig verrühren. Zwiebel- und Lachswürfel unterheben. Das Lachstatar in die Gurkenhälften füllen und mit Dill garnieren.

Der iss.dich.schlank.Tipp

Wenn die Menge Ihnen nicht ausreicht, können Sie eine Scheibe Vollkornbrot zu dem Salat essen, dann wird daraus jedoch eine Kohlenhydratmahlzeit.

ZUTATEN
1/2 Bund Dill
1 kleine Salatgurke
Meersalz
1 kleine Zwiebel
150 g geräucherter Lachs
1 Eigelb
2 EL Crème fraîche

♦ KOMBI/NEUTRAL
Hauptgericht
Für 1 Portion

Blumenkohl mit Krabbensalat

1 Den Blumenkohl waschen, putzen und in kleine Röschen zerteilen. Wenig Salzwasser mit der Sahne zum Kochen bringen. Den Blumenkohl darin in 10 bis 12 Minuten bissfest garen. Herausnehmen, abtropfen lassen und beiseite stellen.
2 Das Ei hart kochen, mit kaltem Wasser abschrecken, schälen und in kleine Würfel schneiden. Den Salat putzen, waschen, trockentupfen und fein hacken. Die Krabben mit einer Gabel grob zerdrücken.
3 Für das Dressing Joghurt mit Crème fraîche und Ketchup verrühren. Die Sauce mit dem Kräutersalz würzen und mit Ei, Salat und Krabben mischen.
4 Den Blumenkohl auf einem Teller anrichten. Den Krabbensalat darauf geben und mit dem Paprika bestreuen.

ZUTATEN
1 kleiner Blumenkohl
Meersalz
1 EL Sahne, 1 Ei
2–3 Blätter Kopfsalat
125 g gegarte Krabben
125 g Joghurt
1 EL Crème fraîche
1 EL Ketchup
Kräutersalz
1 TL Paprikapulver
edelsüß

♦ EIWEISS
Hauptgericht
Für 1 Portion

Bunter Salat mit Roastbeefstreifen

ZUTATEN
100 g gegartes Roastbeef
2 kleine Tomaten
1 Stück Salatgurke (10 cm)
6 Radieschen
1/2 kleiner Eisbergsalat
1/2 Bund Schnittlauch
80 g Joghurt, 1 EL Crème fraîche, 2 EL Mineralwasser, 2 Knoblauchzehen
Kräutersalz

♦ EIWEISS
Hauptgericht
Für 1 Portion

1 Das Roastbeef in schmale Streifen schneiden und beiseite legen.

2 Die Tomaten waschen, von den Stielansätzen befreien und in schmale Spalten schneiden. Die Gurke schälen und in mundgerechte Stücke schneiden. Die Radieschen putzen und in Scheiben schneiden. Den Salat putzen, waschen, abtropfen lassen und in mundgerechte Stücke zerpflücken.

3 Tomatenspalten, Gurkenstücke, Radieschen und Eisbergsalat mischen und auf einer Salatplatte anrichten.

4 Für das Dressing den Schnittlauch waschen, trockenschütteln und in Röllchen schneiden. Joghurt mit Crème fraîche und Mineralwasser glatt rühren und den Schnittlauch untermischen. Den Knoblauch schälen, dazupressen und unterrühren. Das Dressing mit Kräutersalz würzen und über den Salat gießen. Den Salat mit den Roastbeefstreifen garnieren.

Dinkel-Käse-Salat

ZUTATEN
40 g Dinkelkörner, 1 Apfel
1 Stück Salatgurke (8 cm)
1 rote Paprikaschote
1 kleine Selleriestange
60 g Allgäuer Emmentaler
2 EL Mais (TK)
2 EL Crème fraîche
1 EL Obstessig, 1 TL Senf
1/2 Bund glatte Petersilie
Kräutersalz, Pfeffer
1 TL Currypulver

♦ KOHLENHYDRATE
Hauptgericht
Für 1 Portion

1 Den Dinkel in einen Topf geben, knapp mit Wasser bedecken und für etwa 8 Stunden (am besten über Nacht) quellen lassen. Dann die Körner mit dem Einweichwasser zum Kochen bringen und bei schwacher Hitze in 25 bis 30 Minuten garen. Den Dinkel abgießen, abtropfen und auskühlen lassen.

2 Den Apfel waschen, vierteln, entkernen und in kleine Würfel schneiden. Die Gurke schälen, halbieren und die Kerne mit einem Löffel herausschaben. Das Fruchtfleisch in kleine Würfel schneiden.

3 Die Paprikaschote waschen, halbieren, putzen und klein würfeln. Die Selleriestange putzen, Fäden abziehen und den Sellerie in hauchdünne Scheibchen schneiden. Den Käse fein würfeln. Apfel-, Gurken-, Paprikawürfel, Sellerie und Mais mischen. Käse und Dinkel untermischen.

4 Für das Dressing Crème fraîche mit 3 Esslöffel Wasser, Essig und Senf verrühren. Die Petersilie waschen, trockentupfen und hacken. Das Dressing mit Kräutersalz, Pfeffer und Currypulver würzen und über den Salat gießen. Die Petersilie darüber streuen und den Salat 15 Minuten durchziehen lassen.

Sellerieschnitzel mit Tomatensalat

1 Die Stielansätze der Tomaten entfernen. Zwei Tomaten mit kochendem Wasser übergießen, häuten und grob würfeln.
2 Den Sellerie putzen, waschen und 2 Scheiben (je gut 1 cm dick) abschneiden. Salzwasser mit dem Essig zum Kochen bringen und die Selleriescheiben darin zugedeckt etwa 7 bis 8 Minuten bissfest garen. Aus dem Wasser nehmen, abtropfen und auskühlen lassen. Anschließend mit Kräutersalz und Thymian würzen.
3 1 Esslöffel Öl in einer beschichteten Pfanne erhitzen und die Selleriescheiben darin von jeder Seite 2 bis 3 Minuten braten. Mit Schinken, Tomatenstücken und Käse belegen. Zugedeckt bei schwacher Hitze den Käse schmelzen lassen.
4 Die restlichen Tomaten in dünne Scheiben schneiden. Mit dem restlichen Öl beträufeln, leicht salzen und pfeffern. Die Petersilie waschen, trockentupfen und hacken. Die Petersilie über die Tomaten streuen. Tomaten mit den überbackenen Sellerieschnitzeln servieren.

ZUTATEN

4 Tomaten
1/2 kleine Knollensellerie
Meersalz, 1 EL Essig
Kräutersalz
1 TL getrockneter Thymian
1 1/2 EL Öl
2 Scheiben Rinderschinken
2 Scheiben Gouda
Pfeffer
1/2 Bund glatte Petersilie

♦ EIWEISS
Hauptgericht
Für 1 Portion

Geflügelsalat mit Joghurt-Dressing auf Chicorée

1 Möhre und Sellerie waschen, putzen und fein würfeln. Gemüsebrühe zum Kochen bringen, das Hähnchenbrustfilet darin 30 Minuten köcheln lassen. 8 bis 10 Minuten vor Ende der Garzeit die Möhren- und Selleriewürfel zugeben und mitgaren.
2 Alles aus der Brühe nehmen, abkühlen lassen und das Fleisch in kleine Würfel schneiden. Den Apfel waschen, vierteln, entkernen und ebenfalls in kleine Würfel schneiden. Sofort mit dem Zitronensaft beträufeln.
3 Für das Dressing Joghurt mit 2 Esslöffel Fleischbrühe, Currypulver, Cayennepfeffer, Senf, Ketchup und Salz verrühren. Möhren, Sellerie, Fleisch und Äpfel in eine Schüssel geben. Das Dressing darüber gießen und alles gut mischen.
4 Den bitteren Strunk vom Chicorée keilförmig herausschneiden, die einzelnen Blätter ablösen und sternförmig auf einem Teller anrichten. Den Geflügelsalat in die Mitte der Chicoréeblätter geben, alles mit den Nüssen bestreuen und servieren.

ZUTATEN

1 große Möhre
150 g Knollensellerie
1/4 l Gemüsebrühe
150 g Hähnchenbrustfilet
1 säuerlicher Apfel
2 TL Zitronensaft
100 g Joghurt
1 TL Currypulver, 1 Msp. Cayennepfeffer, 1 TL Senf
1 EL Ketchup, 1 Chicorée,
1 EL gehackte Walnüsse

♦ EIWEISS
Hauptgericht
Für 1 Portion

Gemüseauflauf mit Schinken (Foto)

1 Die Zwiebel schälen, halbieren und in feine Streifen schneiden. Zucchini waschen, putzen und in sehr dünne Scheiben schneiden. Die Champignons putzen, abreiben und ebenfalls in Scheiben schneiden oder vierteln. Den Schinken fein würfeln. Den Backofen auf 200 °C vorheizen.

2 Das Öl in einer beschichteten Pfanne erhitzen, Zwiebeln, Zucchini, Pilze und Schinkenwürfel darin unter Rühren etwa 5 Minuten kräftig anbraten. Mit Pfeffer und Salz würzen. Anschließend das Gemüse in eine feuerfeste Form geben.

3 Den Schnittlauch waschen, trockenschütteln und in Röllchen schneiden.

4 Die Eier mit Milch, Salz, Pfeffer und 1 Esslöffel Schnittlauchröllchen kräftig verquirlen und das Gemüse damit übergießen. Den Auflauf bei 180 °C 20 bis 25 Minuten überbacken, bis die Eier gestockt sind. Mit dem restlichen Schnittlauch bestreut servieren.

ZUTATEN

1 kleine Zwiebel
1 Zucchini
100 g Champignons
40 g Rinderschinken
1 TL Olivenöl
Pfeffer, Salz
1 kleines Bund Schnittlauch
2 große Eier
2 EL Milch

♦ EIWEISS
Hauptgericht
Für 1 Portion

Eier-Garnelen-Cocktail auf Blattsalat

1 Die Eier hart kochen, mit kaltem Wasser abschrecken, schälen und fein hacken. Die Garnelen in kleine Würfel schneiden. Vom Salat 2 Blätter ablösen, waschen und in sehr feine Streifen schneiden.

2 Joghurt mit Mayonnaise, Cayennepfeffer und Kräutersalz verrühren. Eier, Garnelen und Salatstreifen unterrühren.

3 Den restlichen grünen Salat putzen, waschen, abtropfen lassen und in mundgerechte Stücke zerpflücken. Die Petersilie waschen, trockentupfen und in kleine Sträußchen zerteilen.

4 Den Salat dekorativ auf einem Teller anrichten, mit Öl und Essig beträufeln, leicht salzen und pfeffern. Den Eier-Garnelen-Cocktail darauf verteilen und alles mit der Petersilie garnieren.

ZUTATEN

2 kleine Eier
100 g gegarte, geschälte Garnelen
1 Kopfsalat
100 g Joghurt
1 TL Mayonnaise
1 Msp. Cayennepfeffer
Kräutersalz
2 Zweige Petersilie
1 TL Olivenöl
1 TL weißer Balsamessig
Pfeffer

♦ EIWEISS
Hauptgericht
Für 1 Portion

Paprika-Käse-Frittata

ZUTATEN
60 g Mozzarella
1 grüne Paprikaschote
1 kleine Zwiebel
1 Knoblauchzehe
1 TL Olivenöl
2 große Eier
1 EL Mineralwasser
Pfeffer
Meersalz
1 Fleischtomate
5 schwarze Oliven

♦ EIWEISS
Hauptgericht
Für 1 Portion

1 Den Mozzarella abtropfen lassen und in Würfel schneiden. Die Paprikaschote waschen, halbieren und putzen. Eine Hälfte klein würfeln, die andere Hälfte in 1 Zentimeter breite Streifen schneiden. Zwiebel und Knoblauch schälen, halbieren und in dünne Streifen schneiden.
2 Das Öl in einer beschichteten Pfanne erhitzen, Zwiebeln und Knoblauch kurz anbraten. Paprikawürfel zugeben und unter Rühren 3 bis 4 Minuten braten.
3 Die Eier mit dem Mineralwasser verquirlen, den Mozzarella unterrühren und alles mit Pfeffer und Salz würzen. Die Eier über das Gemüse gießen und zugedeckt bei schwacher Hitze 2 bis 3 Minuten stocken lassen. Zwischendurch die Pfanne hin und her rütteln, damit nichts anbackt. Mit Hilfe eines großen flachen Topfdeckels wenden und die Frittata zugedeckt weitere 2 bis 3 Minuten garen.
4 Die Tomate waschen und in dünne Scheiben schneiden. Die Tomatenscheiben auf einem Teller auslegen, mit Pfeffer und Salz leicht würzen. Die Frittata in die Mitte geben und mit den Oliven und den Paprikastreifen garnieren.

Knackiger Salat mit Eier-Kräuter-Sauce

ZUTATEN
2 Eier, 1/2 Eisbergsalat
30 g Feldsalat
1 rote Paprikaschote
je einige Zweige gemischte Kräuter
125 g Joghurt, 2 EL saure Sahne, 1 TL Mayonnaise
1 TL Senf, Kräutersalz
1 TL Obstessig
2 Sardellenfilets

♦ EIWEISS
Hauptgericht
Für 1 Portion

1 Die Eier hart kochen, mit kaltem Wasser abschrecken und schälen.
2 Eisberg- und Feldsalat putzen, waschen, abtropfen lassen und in mundgerechte Stücke zerpflücken. Die Paprikaschote halbieren, putzen, waschen und in Würfel schneiden. Salate und Paprika auf einem Teller anrichten.
3 Für das Dressing die Kräuter waschen, trockenschütteln und die Blättchen von den Stielen zupfen. Joghurt mit saurer Sahne, Mayonnaise, Senf, Kräutersalz, Essig und Kräutern mischen und alles pürieren. Eines der gekochten Eier in kleine Würfel schneiden und unter die Sauce rühren. Das andere Ei der Länge nach halbieren.
4 Das Dressing über den Salat gießen, die Eihälften darauf setzen und den Salat mit den Sardellen garnieren.

Curry-Kohl mit Bratwurst

1 Die Zwiebel schälen und fein würfeln. Die Paprikaschote halbieren, putzen, waschen und in Würfel schneiden. Den Kohl putzen, den harten Strunk herauslösen und das Kraut in möglichst feine Streifen schneiden bzw. hobeln. Die Bratwürste in 2 Zentimeter dicke Scheiben schneiden.

2 Zuerst den Wok erhitzen, dann das Öl hineingeben und erhitzen. Die Wurstscheiben im Öl 2 bis 3 Minuten rundum anbraten, herausnehmen und beiseite stellen.

3 Zwiebeln, Paprika und Kohl im restlichen Bratfett unter Rühren 4 bis 5 Minuten braten. Mit Pfeffer, Salz und der Currypaste würzen, dann das Gemüse zur Seite schieben. Die Wurst nochmals kurz erwärmen und zusammen mit dem Gemüse auf einem Teller anrichten.

ZUTATEN

1 kleine Zwiebel
1 kleine gelbe Paprikaschote
250 g Weißkohl
2 Geflügelbratwürste
1 EL ÖL (z.B. Sesamöl)
Pfeffer, Salz
1 TL gelbe Currypaste

♦ EIWEISS

Hauptgericht
Für 1 Portion

Scharfe Hackbällchen auf Asia-Gemüse

1 Für das Gemüse die Paprikaschoten halbieren, putzen, waschen und in schmale Streifen schneiden. Die Sprossen waschen, verlesen und abtropfen lassen. Die Limette waschen und in kleine Stückchen schneiden.

2 Für die Hackbällchen die Zwiebel schälen und fein würfeln. Die Möhre waschen, schälen und fein raspeln. Die Petersilie waschen, trockenschütteln, die Blättchen von den Stielen zupfen und fein hacken.

3 Zwiebeln, Möhren und Petersilie mit dem Hackfleisch mischen. Die Masse mit Senf, Sambal Oelek, Salz und Pfeffer würzen. Aus dem Fleischteig kleine, runde Frikadellen formen.

4 Das Öl in einer großen beschichteten Pfanne erhitzen und die Hackbällchen darin rundum braun braten. Das Fleisch etwas zur Seite schieben. Paprika, Sojasprossen und Limettenstücke im restlichen Bratfett unter Rühren 5 Minuten braten. Mit der Sojasauce und Salz würzen.

5 Die Hackbällchen auf dem Asia-Gemüse servieren.

ZUTATEN

je 1 rote und gelbe Paprikaschote
40 g Sojasprossen
1 unbehandelte Limette
1 kleine Zwiebel
1 kleine Möhre
2 Zweige Petersilie
150 g Rinderhackfleisch
1 TL Senf
1/2 TL Sambal Oelek
Meersalz, Pfeffer
1 EL Olivenöl
2 EL helle Sojasauce

♦ EIWEISS

Hauptgericht
Für 1 Portion

ZUTATEN

1 kleine Putenunterkeule
Meersalz
1 TL Honig
300 g Möhren
1 säuerlicher Apfel
1 TL Butter
1 Msp. Nelkenpulver
1 TL Zimt

♦ EIWEISS
Hauptgericht
Für 1 Portion

Putenkeule mit Möhren-Apfel-Gemüse

1 Das Fleisch waschen, trocknen und rundum mit Salz einreiben. 2 Tassen Wasser in eine Fettpfanne geben, die Putenkeule in das Wasser setzen und im Backofen bei 120 °C etwa 3 Stunden langsam garen lassen. Zwischendurch immer wieder mit Bratensaft begießen.

2 Den Honig mit 1 Teelöffel Salz und 1 Esslöffel Wasser verrühren. 15 Minuten vor Ende der Garzeit das Fleisch mit der Honig-Salz-Mischung bestreichen und knusprig braten.

3 Die Möhren waschen, putzen und in dünne Scheiben schneiden. In wenig Salzwasser 12 Minuten bissfest garen, aus dem Wasser nehmen und abtropfen lassen.

4 Den Apfel waschen, vierteln, entkernen und in feine Scheibchen schneiden. Die Butter in einer Pfanne schmelzen lassen und die Möhren- und Apfelscheiben darin unter Rühren bei schwacher Hitze etwa 6 bis 8 Minuten braten. Mit Nelken und Zimt würzen. Das Fleisch zusammen mit dem Möhren-Apfel-Gemüse servieren.

Pikantes Puten-Saltimbocca mit Blattsalat

1 Die Salate gründlich putzen, waschen, abtropfen lassen und in mundgerechte Stücke zerpflücken. Tomaten waschen und halbieren. Petersilie waschen, trockenschütteln und fein hacken.
2 Den Salat und die Tomaten dekorativ auf einem Teller anrichten, mit 1 Esslöffel Öl und dem Essig beträufeln, leicht salzen, pfeffern und mit der Hälfte der Petersilie bestreuen.
3 Das Fleisch waschen, mit Küchenpapier trockentupfen und zwischen Klarsichtfolie flach klopfen. Dünn mit der Hälfte der Currypaste bestreichen und die restliche Petersilie gleichmäßig darauf verteilen. Mit dem Schinken belegen und den Schinken mit Zahnstochern feststecken.
4 Das restliche Öl in einer Pfanne erhitzen und das Fleisch darin von jeder Seite etwa 3 Minuten braten. Mit der Kokosmilch ablöschen und die Sauce mit etwas Currypaste, Pfeffer und Salz würzen. Zusammen mit dem Salat servieren.

ZUTATEN
1 kleiner Kopf Friséesalat
1 kleiner Radicchio
20 g Feldsalat
5 Kirschtomaten
1 Bund Petersilie
2 EL Öl, 1 EL Balsamessig
Meersalz, Pfeffer
2 Putenschnitzel (à 75 g)
1 TL gelbe Currypaste
2 Schb. Rinderschinken
80 ml Kokosmilch

♦ EIWEISS
Hauptgericht
Für 1 Portion

Serbischer Hackfleischtopf

1 Die Bohnen waschen, putzen und in etwa 3 Zentimeter lange Stücke schneiden. Die Zwiebel schälen und in feine Spalten schneiden. Die Stielansätze der Tomaten entfernen, Tomaten überbrühen, häuten und grob würfeln.
2 Das Öl in einer Pfanne mit hohem Rand erhitzen. Die Zwiebelspalten darin anbraten, Hackfleisch zugeben und unter Rühren krümelig anbraten. Tomaten, Tomatenmark und Bohnen zugeben, mit Sambal Oelek und Paprikapulver scharf würzen.
3 Dann die Gemüsebrühe und Rotwein angießen und zugedeckt bei mittlerer Hitze 18 bis 20 Minuten köcheln lassen. Mit etwas Käutersalz würzen, die Sahne unterrühren und heiß servieren.

ZUTATEN
300 g grüne Bohnen
1 Zwiebel, 2 Tomaten
1 EL Öl
150 g Rinderhackfleisch
2 EL Tomatenmark
1/2–1 TL Sambal Oelek
1–2 TL Paprikapulver rosenscharf
1/8 l Gemüsebrühe
3 EL Rotwein, Kräutersalz
1 EL saure Sahne

♦ EIWEISS
Hauptgericht
Für 1 Portion

Hähnchenmedaillons mit zartem Mandelgemüse

ZUTATEN
150 g Brokkoli
1/2 Kopf Blumenkohl
1/2 l Gemüsebrühe
40 g Erbsen (TK)
50 g Pariser Möhren (TK)
150 g Hähnchenbrust
30 g Rinderschinken (in Scheiben), 1 TL Öl
Pfeffer, Meersalz
2 EL Mandelblättchen
10 g Butter

♦ EIWEISS
Hauptgericht
Für 1 Portion

1 Brokkoli und Blumenkohl waschen, putzen und in kleine Röschen teilen. Die Stiele vom Brokkoli schälen und in kleine Stücke schneiden. Gemüsebrühe zum Kochen bringen. Brokkoli und Blumenkohl darin in 10 bis 12 Minuten bissfest garen. Erbsen und Möhren etwa 7 Minuten mitgaren.

2 Die Hähnchenbrust halbieren. Die Stücke jeweils mit dem Schinken umwickeln und den Schinken mit Spießchen feststecken. Das Öl in einer beschichteten Pfanne erhitzen und die Medaillons darin unter Wenden etwa 6 Minuten braten. Mit Pfeffer und Salz würzen. Das Fleisch aus der Pfanne nehmen, in Alufolie wickeln, warm stellen und 5 Minuten ruhen lassen.

3 Die Mandelblättchen in einer beschichteten Pfanne goldbraun rösten. Die Butter zufügen und aufschäumen lassen. Das Gemüse aus der Brühe nehmen und sehr gut abtropfen lassen. Zusammen mit den ausgepackten Medaillons auf einem Teller anrichten und die Mandelbutter darüber geben.

Hähnchencurry mit Ananas-Lauch-Gemüse

ZUTATEN
150 g Hähnchenbrust
2 Frühlingszwiebeln
80 g Champignons
1 TL Olivenöl, Meersalz
2 TL Currypulver
1 Msp. Cayennepfeffer
3 EL Sahne, 1 dicke frische Ananasscheibe
350 g Lauch, 1 EL Butter
50 ml Gemüsebrühe
1 EL Crème fraîche

♦ EIWEISS
Hauptgericht
Für 1 Portion

1 Das Fleisch kurz waschen, mit Küchenpapier trockentupfen und würfeln. Die Frühlingszwiebeln putzen und waschen. Das Grün in Röllchen, das Weiße in kleine Würfel schneiden. Die Champignons putzen, abreiben und in Scheiben schneiden.

2 Das Öl in einer Pfanne erhitzen und das Fleisch darin von allen Seiten kräftig anbraten. Zwiebeln und Champignons hinzufügen und alles unter Rühren kurze Zeit schmoren lassen. 1/8 Liter Wasser dazugießen, mit Salz, 1 Teelöffel Currypulver und Cayennepfeffer würzen, die Sahne einrühren und offen 10 Minuten köcheln lassen.

3 Für das Gemüse die Ananas schälen, vom Strunk befreien und in kleine Würfel schneiden. Den Lauch putzen, waschen und in schmale Ringe schneiden.

4 Die Butter in einem Topf schmelzen. Ananas und Lauch darin bei schwacher Hitze 5 Minuten dünsten. Mit Salz und restlichem Currypulver würzen, mit der Brühe ablöschen und bei mäßiger Hitze zugedeckt 5 bis 7 Minuten köcheln lassen. Das Gemüse mit der Crème fraîche verfeinern und mit dem Hähnchencurry servieren.

dich. iss. schlank.

Lammtöpfchen mit Paprikastreifen

ZUTATEN
200 g Lammfleisch
1 EL Olivenöl, 1 TL Paprika rosenscharf, 1 EL Tomatenmark, Pfeffer, Meersalz
3 Tomaten, 3 Frühlingszwiebeln, 1–2 Knoblauchzehen, 50 ml Gemüsebrühe
je 1 Zweig Rosmarin und Thymian, 2 Paprikaschoten
1 TL Oregano

♦ EIWEISS
Hauptgericht
Für 1 Portion

1 Das Fleisch kurz waschen, trockentupfen und in grobe Stücke schneiden.
2 Aus Öl, Paprikapulver, Tomatenmark, Pfeffer und Salz eine Marinade rühren und das Fleisch damit bestreichen. Den Backofen auf 175 °C vorheizen.
3 Die Tomaten überbrühen, häuten und das Fruchtfleisch grob würfeln. Frühlingszwiebeln und Knoblauch schälen und vierteln. Tomaten, Zwiebeln, Knoblauch und Fleisch in eine feuerfeste Form geben und die Brühe angießen. Die Kräuter waschen, trockenschütteln und dazu legen. Alles im Backofen 1 1/2 Stunden garen, dabei immer wieder etwas Brühe über Fleisch und Gemüse gießen.
4 Die Paprikaschoten halbieren, waschen, putzen und in breite Streifen schneiden. Kurz vor Ende der Garzeit die Paprikastreifen auf ein Backblech legen, mit etwas Öl beträufeln, leicht mit Salz und Oregano würzen. Im Backofen 10 bis 15 Minuten braten und zusammen mit dem Lammtöpfchen servieren.

Rinderroulade mit Wirsing

ZUTATEN
1 Zwiebel, 1 Gewürzgurke
1 Rinderroulade, 1 TL Senf
2 Schb. Rinderschinken
Pfeffer, 1 EL Kokosfett
50 ml Rotwein
200 ml Gemüsebrühe
1 Lorbeerblatt
400 g Wirsing, 1 EL Butter
1 TL Gemüsebrühe (Instant)
Salz, 1/2 TL Muskat
2 EL Sahne, 2 EL Crème fraîche

♦ EIWEISS
Hauptgericht
Für 1 Portion

1 Die Zwiebel schälen und halbieren. Eine dicke Scheibe abschneiden und in Ringe zerteilen, den Rest fein würfeln. Die Gewürzgurke in Streifen schneiden.
2 Die Roulade kurz abspülen, trockentupfen, mit Senf bestreichen, mit dem Schinken belegen und mit Pfeffer würzen. Die Gurkenstreifen und Zwiebelringe darauf verteilen, die Roulade zusammenrollen und mit Holzspießchen feststecken.
3 Das Fett in einem Bräter erhitzen und die Roulade anbraten. Die Hälfte der Zwiebelwürfel zugeben, mitbraten; Rotwein und Gemüsebrühe angießen, Lorbeerblatt hineingeben und zugedeckt bei schwacher Hitze 1 1/2 Stunden köcheln lassen.
4 Vom Wirsing Strunk und Blattrippen herausschneiden. Die Blätter gut waschen und fein hacken. Die Butter in einem Topf schmelzen und die restlichen Zwiebeln darin glasig dünsten. Wirsing zufügen und einige Minuten dünsten. Etwas Wasser angießen, mit Brühe, Salz und Muskat würzen und zugedeckt 20 Minuten köcheln.
5 Das Fleisch aus der Sauce nehmen, das Lorbeerblatt entfernen. Die Sauce pürieren und die Sahne unterrühren. Die Roulade wieder in die Sauce geben. Das Gemüse mit Crème fraîche verfeinern und mit der Roulade servieren.

iss. dich. schlank.

Schinken-Fleisch-Spieße auf Gemüsesalat

1 Für den Salat den Knoblauch schälen und fein hacken. Aubergine und Zucchini waschen, putzen und in kleine Würfel schneiden. Die Paprikaschote halbieren, waschen und ebenfalls fein würfeln.

2 1 Esslöffel Öl in einer beschichteten Pfanne erhitzen und den Knoblauch darin anschwitzen. Auberginen-, Zucchini- und Paprikawürfel zufügen, unter Rühren 8 bis 10 Minuten braten, dann abkühlen lassen.

3 Für die Marinade das restliche Öl mit Paprikapulver und Salz verrühren.

4 Den Backofen auf 200 °C vorheizen. Das Fleisch und den Schinken in dünne, schmale Streifen schneiden. Die Zwiebel schälen und achteln. Die Schinkenstreifen auf die Fleischstreifen legen und zusammenrollen. Abwechselnd Fleischröllchen und Zwiebelstücke auf Schaschlikspieße stecken. Die Spieße mit der Marinade bestreichen und 20 Minuten grillen.

5 Den Gemüsesalat mit Essig beträufeln, mit Salz und Pfeffer würzen und zusammen mit den Fleischspießen servieren.

Der iss.dich.schlank. Tipp

Sie können dem Gericht auch ein asiatisches Flair geben: Bereiten Sie es dazu in einem Wok zu. Statt das Fleisch aufzuspießen, braten Sie es direkt in der Pfanne. Dann an den Rand schieben, das Gemüse unter Rühren bissfest garen und mit Sojasauce abschmecken.

Zutaten

1 Knoblauchzehe
1 kleine Aubergine
1 kleine Zucchini
1 rote Paprikaschote
2 EL Olivenöl
1 TL Paprikapulver rosenscharf
Meersalz
150 g Fleisch (Lammfilet, Kalbsschnitzel oder Hähnchenbrust)
30 g Rinderschinken
1 große Zwiebel
1 EL Balsamessig
Pfeffer

♦ Eiweiss
Hauptgericht
Für 1 Portion

Schwertfischsteak mit Zucchini-Carpaccio

ZUTATEN

300 g Zucchini
2 1/2 EL Olivenöl
1–2 Knoblauchzehen
1 EL weißer Balsamessig
Pfeffer, Meersalz
1 TL getrockneter Oregano
1 Schwertfischsteak (200 g)

♦ **EIWEISS**
Hauptgericht
Für 1 Portion

1 Zucchini waschen, putzen und in dünne Scheiben schneiden. 2 Esslöffel Öl in einer beschichteten Pfanne erhitzen und die Zucchinischeiben darin von beiden Seiten bei mittlerer Hitze 5 Minuten braten. Anschließend dekorativ auf einer Platte anrichten.

2 Knoblauch schälen und durch eine Presse drücken. Essig mit Pfeffer, Salz, Oregano und der Hälfte des Knoblauchs verrühren. Die Marinade mit 2 Esslöffel Wasser verdünnen und über das Carpaccio träufeln.

3 Den Fisch waschen und mit Küchenpapier trocknen. Das restliche Öl in einer beschichteten Pfanne erhitzen und den übrigen Knoblauch darin bei schwacher Hitze anbraten. Den Fisch zugeben, mit Pfeffer und Salz würzen und ihn von jeder Seite 3 bis 4 Minuten braten. Zusammen mit dem Carpaccio servieren.

Grillfisch mit Sauce Tartare und Gurkensalat

ZUTATEN

1 Ei, 2 Zweige Petersilie
1 Gewürzgurke
1 EL Kapern, 3 TL Essig
1 TL Senf, 60 g Joghurt
2 EL saure Sahne
Pfeffer, Kräutersalz
1 Salatgurke
1 kleine Zwiebel
1/2 kleines Bund Dill
200 g Seelachsfilet
1 EL Sonnenblumenöl

♦ **EIWEISS**
Hauptgericht
Für 1 Portion

1 Das Ei hart kochen, mit kaltem Wasser abschrecken und schälen. Das Ei längs halbieren, das Eigelb herauslösen und Eiweiß fein hacken.

2 Petersilie waschen, trockenschütteln und fein hacken. Gewürzgurke und Kapern fein hacken. Das Eigelb mit 1 Teelöffel Essig, Senf, Joghurt und saurer Sahne cremig rühren. Eiweißwürfel, Petersilie, Gewürzgurken und Kapern untermischen und die Sauce mit Pfeffer und Kräutersalz würzen.

3 Für den Salat die Gurke schälen und fein hobeln. Die Scheiben leicht salzen, kurze Zeit ziehen lassen und ausdrücken. Die Zwiebel schälen und fein würfeln. Dill waschen, trockenschütteln und fein hacken. Restlichen Essig mit 4 Esslöffel Wasser, Pfeffer und Zwiebeln verrühren. Die Gurkenscheiben unterrühren. Den Salat mit dem Dill bestreuen.

4 Den Fisch waschen, mit Küchenpapier abtrocknen und mild salzen. Das Öl in einer Pfanne erhitzen und den Fisch darin von beiden Seiten je 6 bis 8 Minuten braten. Zusammen mit der Sauce Tartare und dem Gurkensalat servieren.

Gebeizter Orangen-Lachs mit Meerrettichsahne

1. Die Orange waschen, trocknen und halbieren. Aus einer Hälfte den Saft auspressen, die andere Hälfte in dünne Scheiben schneiden. Den Saft mit dem Honig, Piment und Salz mischen.
2. Den Fisch entgräten, kalt abbrausen und mit Küchenpapier trockentupfen. Eine Auflaufform mit Alufolie auslegen, ein Lachsfilet mit der Hautseite nach unten einlegen. Den Lachs mit der Orangen-Salz-Mischung dick einpinseln, mit den Orangenscheiben belegen und mit dem zweiten Lachsfilet abdecken. Den Fisch fest in Alufolie wickeln, mit einem Holzbrett beschweren und im Kühlschrank 24 Stunden beizen.
3. Den Lachs auspacken, die Innenseiten mit dem Öl beträufeln, dann eingepackt weitere 24 Stunden gekühlt reifen lassen. Den Lachs aus der Folie nehmen, mit Küchenpapier säubern und trockentupfen. Die Haut mit einem Messer ablösen und die Filets in 1 Zentimeter dicke Scheiben schneiden.
4. Die Sahne steif schlagen und mit dem Meerrettich verrühren. Zusammen mit dem Lachs servieren.

ZUTATEN

1 unbehandelte Orange
1 1/2 EL Honig
1–2 TL gestoßene Pimentkörner
3 gehäufte TL Salz
1 kg Lachsfilet (2 gleich große Stücke mit Haut)
1 EL hochwertiges Öl
250 g Sahne
8 TL geriebener Meerrettich (aus dem Glas)

♦ EIWEISS
Hauptgericht
Für 7–8 Portionen

Sahne-Garnelen in feinem Gemüse

1. Die Garnelen schälen und mit einem scharfen Messer den Darm entfernen. Mit kaltem Wasser abspülen und mit Küchenpapier trockentupfen.
2. Den Lauch putzen, längs vierteln, gründlich waschen und in kleine Stücke schneiden. Die Möhre waschen, putzen und fein würfeln. Den Fenchel waschen, putzen, halbieren und den Strunk keilförmig herausschneiden. Ein Viertel des Fenchels in feine Würfel, den Rest in hauchdünne Scheibchen schneiden. Etwas Fenchelgrün hacken und beiseite stellen.
3. Das Öl in einer beschichteten Pfanne erhitzen. Lauch, Möhren und Fenchelwürfel darin dünsten. Die Garnelen zufügen und alles unter Rühren 2 Minuten kräftig braten. Mit 2 Esslöffel Wasser und der Sahne ablöschen. Mit Pfeffer, Salz, Currypulver und Cayennepfeffer würzen und alles kurz aufkochen lassen.
4. Die Sahne-Garnelen zusammen mit den Fenchelscheibchen auf einem Teller servieren und mit dem Fenchelgrün bestreuen.

ZUTATEN

12 rohe Garnelen
1 kleine Stange Lauch
1 Möhre
1 Fenchelknolle
1 TL Sonnenblumenöl
3 EL Sahne
Pfeffer
Meersalz
1 TL Currypulver
1 Msp. Cayennepfeffer

♦ EIWEISS
Hauptgericht
Für 1 Portion

ZUTATEN

1 EL Kapern
3 EL fein gehackte Kräuter
1 EL Senf
1 EL gemahlene Mandeln
1 TL Pinienkerne
2 Fleischtomaten
200 g Viktoriabarschfilet
Meersalz
1 TL getrockneter Thymian
1 EL geriebener Käse

♦ EIWEISS

Hauptgericht
Für 1 Portion

Viktoriabarschfilet mit Kräuterkruste und Grilltomaten (siehe Umschlag)

1 Die Kapern grob zerkleinern. Die Kräuter waschen, trockenschütteln und fein hacken. Pfeffer, Kräuter und Senf mit den gemahlenen Mandeln und den Pinienkernen mischen.

2 Die Tomaten waschen, von den Stielansätzen befreien und halbieren. Den Backofen auf 180 °C vorheizen.

3 Den Fisch waschen, mit Küchenpapier abtrocknen und salzen. Mit der Kräutermischung bestreichen und auf ein mit Alufolie ausgelegtes Backblech legen. Die halbierten Tomaten mit Thymian und Salz fein würzen, dünn mit dem Käse bestreuen und ebenfalls auf das Backblech geben. Im Backofen in 20 Minuten überbacken, bis der Käse leicht gebräunt ist.

Lachsfilet in Folie mit Gemüsespießchen

1 Die Mandelblättchen in einer Pfanne ohne Fett goldbraun rösten, dann beiseite stellen. Den Backofen auf 180 °C vorheizen.

2 Die Zitrone abwaschen und in dünne Scheiben schneiden. Ein ausreichend großes Stück Alufolie zuschneiden und 3 Zitronenscheiben darauf verteilen. Den Fisch waschen, mit Küchenpapier abtrocknen, salzen und auf die Zitronenscheiben legen. Den Fisch mit drei weiteren Zitronenscheiben belegen. Die Folie gut verschließen, damit nichts auslaufen kann, und im Backofen 20 Minuten garen.

3 In der Zwischenzeit Blumenkohl und Brokkoli waschen, putzen und in grobe Röschen teilen. Das Gemüse abwechselnd, durch Röschen und Stiel, auf 15 Zentimeter lange Holzspieße stecken. Die Butter in einer großen Pfanne schmelzen, Brühe zugießen und die Spieße darin zugedeckt bei schwacher Hitze 5 Minuten dünsten.

4 Den Fisch aus der Folie nehmen, die Zitronenscheiben entfernen. Die Gemüsespieße aus der Brühe nehmen und zusammen mit dem Fisch und der Kräuterbutter auf einem Teller anrichten. Mit den Mandelblättchen bestreut servieren.

ZUTATEN

1 EL Mandelblättchen
1 unbehandelte Zitrone
200 g Lachsfilet
Meersalz
200 g Blumenkohl
200 g Brokkoli
1 EL Butter
200 ml Gemüsebrühe
1 EL Kräuterbutter

♦ EIWEISS
Hauptgericht
Für 1 Portion

Schollenfilet in Orangen-Sahne

1 Den Fisch waschen, mit Küchenpapier abtrocknen, salzen und in den Kokosflocken wenden. Das Öl in einer beschichteten Pfanne erhitzen, den Fisch darin von beiden Seiten je 5 bis 7 Minuten sanft braten, dann herausnehmen und warm halten.

2 Die Pfanne nochmals erhitzen, Sahne und Orangensaft einrühren und leicht einkochen lassen. Die Sauce mit Kräutersalz und Cayennepfeffer würzen und zusammen mit dem Fisch servieren.

Der iss.dich.schlank.Tipp

Die Scholle enthält hohe Mengen an hochwertigem Eiweiß. Dies ist wichtig für ein leistungsfähiges Nervensystem, für die Produktion von Enzymen und Hormonen. Servieren Sie zu dem Rezept den Orangen-Fenchel-Salat mit Ingwer (siehe Seite 86).

ZUTATEN

1 Schollenfilet (200 g)
Meersalz
1 leicht gehäufter EL Kokosflocken
1 TL Olivenöl
50 ml Sahne
60 ml Orangensaft
Kräutersalz
1 Msp. Cayennepfeffer

♦ EIWEISS
Hauptgericht
Für 1 Portion

Ofenkartoffel mit Matjesstipp

ZUTATEN
1 kleiner mürber Apfel
1 kleine Zwiebel
2 Matjesfilets, 75 g Joghurt
2 EL saure Sahne
1 TL Obstessig
2 Wacholderbeeren
1 dicke gekochte Pellkartoffel, 1/2 Bund Dill
1 Salatgurke, Meersalz

♦ KOHLENHYDRATE
Hauptgericht
Für 1 Portion

1 Den Apfel waschen, vierteln, entkernen und in kleine Würfel schneiden. Die Zwiebel schälen und fein hacken. Matjes entgräten und klein schneiden.
2 Joghurt mit der sauren Sahne, Essig und Wacholderbeeren verrühren. Äpfel, Zwiebeln und Matjes zum Dressing geben und alles gut mischen. Den Backofen auf 200 °C vorheizen.
3 Die gekochte Kartoffel in Alufolie wickeln und im heißen Backofen etwa 15 Minuten backen. Inzwischen den Dill waschen, trockentupfen und hacken, die Gurke schälen, in Scheiben schneiden und mit Salz bestreuen.
4 Die heiße Kartoffel tief einschneiden, die Schnittstelle vorsichtig auseinander drücken und etwas Matjesstipp hineingeben. Kartoffel und Matjesstipp zusammen mit den Gurkenscheiben auf einem Teller anrichten. Mit dem gehackten Dill bestreut servieren.

Roter Heringssalat

ZUTATEN
1 kleine Rote-Bete-Knolle
200 g Kartoffeln
1 Zwiebel
1 mürber Apfel
1 Stück Salatgurke (10 cm)
7 Walnüsse
3 Matjesfilets
1/2 Bund Petersilie
2 EL Crème fraîche
125 g Joghurt
1 EL Obstessig
1 TL Senf, Kräutersalz

♦ KOHLENHYDRATE
Hauptgericht
Für 1 Portion

1 Die Rote Bete schälen, in kleine Würfel schneiden und in wenig Wasser in 15 Minuten garen. Herausnehmen und abkühlen lassen, den Sud beiseite stellen.
2 Die Kartoffeln waschen und mit der Schale in Wasser in 20 bis 25 Minuten garen, abkühlen lassen, schälen und in kleine Würfel schneiden.
3 Die Zwiebel schälen und fein hacken. Den Apfel waschen, vierteln, entkernen und fein würfeln. Die Gurke schälen, längs halbieren, mit einem Löffel entkernen und ebenfalls in kleine Würfel schneiden. Die Walnüsse grob hacken. Den Fisch in feine Streifen schneiden. Die Roten Bete mit Kartoffeln, Zwiebeln, Äpfeln, Gurken, Nüssen und Fisch vermischen.
4 Für das Dressing die Petersilie waschen, trockenschütteln und fein hacken. Crème fraîche, Joghurt, Essig, 3 Esslöffel Rote-Bete-Sud, Senf, Kräutersalz und Petersilie miteinander verrühren. Das Dressing mit dem Salat vermischen, kurz ziehen lassen und gekühlt servieren.

dich. iss. schlank.

Curry-Fisch mit gebratener Ananas

1 Den Fisch waschen, mit Küchenpapier abtrocknen, salzen und mit 1 Teelöffel Zitronensaft beträufeln.

2 Die Schalotten schälen und fein hacken. Die Hälfte der Butter in einer Pfanne mit hohem Rand erhitzen, die Schalotten darin bei schwacher Hitze andünsten. Den Fischfond angießen, erhitzen, jedoch nicht kochen lassen. Den Fisch zugeben und zugedeckt bei mittlerer Hitze in 8 bis 10 Minuten gar ziehen lassen.

3 Die Ananas schälen und vom harten Strunk befreien. Die restliche Butter in einer kleinen Pfanne schmelzen und darin die Ananasscheiben von beiden Seiten goldbraun braten.

4 Den Fisch aus der Pfanne nehmen und warm stellen. Den Fischsud etwa auf die Hälfte einkochen lassen, dann durch ein Sieb geben. Die Brühe aufkochen lassen, mit Currypulver, Pfeffer und Salz würzen, die saure Sahne unterrühren und den Fisch wieder in die Sauce geben.

5 Den Salat putzen, waschen, abtropfen lassen, in mundgerechte Stücke zerpflücken und dekorativ auf einem Teller anrichten. Mit dem Öl und dem restlichen Zitronensaft beträufeln, leicht salzen und pfeffern. Zusammen mit dem Fisch und der gebratenen Ananas servieren.

Der iss.dich.schlank.Tipp

Essen Sie des Öfteren Fisch, er enthält neben Jod auch die wertvollen Omega-3-Fettsäuren, das gilt insbesondere für Lachs, Matjes und Hering. Sehr jodhaltig sind Schellfisch, Rotbarsch, Seelachs und Kabeljau. Schon 4 bis 5 Portionen Seefisch pro Woche decken den täglichen Jodbedarf von 200 Mikrogramm.

ZUTATEN

200 g Seezungenfilet
Meersalz
1 EL Zitronensaft
2 Schalotten
1 EL Butter
150 ml Fischfond
2 Scheiben frische Ananas
1 TL Currypulver
Pfeffer
2 EL saure Sahne
1 kleiner Kopfsalat
1 TL Öl

♦ EIWEISS

Hauptgericht
Für 1 Portion

Gefüllte Tomaten aus dem Ofen (Foto)

1 Die Pinienkerne ohne Fett in einer beschichteten Pfanne kurz rösten.
2 Die Tomaten waschen, jeweils einen Deckel abschneiden und die Tomaten mit einem Löffel ausschaben. Den Deckel (ohne Haut und Stielansätze) und das herausgelöste Fruchtfleisch zerkleinern und beiseite stellen.
3 Das Suppengrün waschen, putzen und sehr fein würfeln. Das Öl in einer beschichteten Pfanne erhitzen und die Gemüsewürfel darin unter Rühren kräftig anbraten. Mit der Sahne ablöschen.
4 Die Erbsen, den Käse, die Pinienkerne und das zerkleinerte Tomatenfruchtfleisch unterrühren. Mit Pfeffer, Salz, Currypulver und Cayennepfeffer würzen und alles noch einmal kurz aufkochen lassen. Die vorbereiteten Tomaten mit einem Teil der Masse füllen.
5 Den Backofen auf 175 °C vorheizen. Die restliche Füllmasse in eine Auflaufform geben, die gefüllten Tomaten hineinsetzen und 25 Minuten überbacken.

ZUTATEN
2 EL Pinienkerne
2 Fleischtomaten
1 Bund Suppengrün
1 TL Olivenöl
40 g Sahne
50 g Erbsen (TK)
35 g geriebener Greyerzer
Pfeffer, Meersalz
1TL Currypulver
1 Msp. Cayennepfeffer

♦ EIWEISS
Hauptgericht
Für 1 Portion

Ratatouille-Gratin

1 Die Aubergine waschen, putzen und grob würfeln. Zucchini waschen, putzen und ebenfalls in Würfel schneiden. Den Backofen auf 180 °C vorheizen.
2 Die Stielansätze der Tomaten entfernen, Tomaten überbrühen, häuten und in grobe Stücke schneiden. Zwiebel und Knoblauch schälen und beides fein würfeln. Das Öl in einem Topf erhitzen, Zwiebel- und Knoblauchwürfel darin anbraten. Tomatenstücke, Tomatenmark, Gemüsebrühe, Auberginen und Zucchini zugeben und unter Rühren 5 bis 8 Minuten schmoren. Mit Rosmarin, Thymian, Sambal Oelek, Pfeffer und Kräutersalz würzen.
3 Ratatouille in eine Auflaufform geben. Den Käse in Scheiben schneiden oder reiben und auf dem Ratatouille verteilen. Im Backofen in 15 Minuten überbacken, bis der Käse leicht gebräunt ist.

ZUTATEN
1 kleine Aubergine
1 kleine Zucchini
2 Tomaten, 1 Zwiebel
1–2 Knoblauchzehen
1 TL Olivenöl, 1 EL Tomatenmark, 80 ml Gemüsebrühe, 1 TL Rosmarin
1 TL Thymian
1/2 TL Sambal Oelek
Pfeffer, Kräutersalz
60 g Reibekäse

♦ EIWEISS
Hauptgericht
Für 1 Portion

ZUTATEN
1 Zucchini
1/2 kleiner Blumenkohl
200 g Brokkoli
100 g Spinat
Meersalz
1/2 kleine Ananas
60 g Mais (TK)
80 g Rinderschinken (in Scheiben)
200 g Raclettekäse

♦ EIWEISS
Hauptgericht
Für 2 Portionen

Gemüse-Raclette

1 Zucchini waschen, putzen und in dünne Scheiben schneiden. Blumenkohl und Brokkoli waschen, putzen und in kleine Röschen zerteilen. Die Stiele vom Brokkoli schälen und in kleine Stücke schneiden. Den Spinat waschen, putzen und die harten Stiele entfernen.
2 Leicht gesalzenes Wasser zum Kochen bringen und das Gemüse nacheinander – jede Sorte für sich – 2 bis 3 Minuten blanchieren, herausnehmen und abtropfen lassen.
3 Die Ananas schälen, vom harten Strunk befreien und in dünne Scheiben schneiden. Die vorbereiteten Gemüse, Ananas und den Mais getrennt in kleine Schälchen geben. Den Schinken und den Käse auf einem Teller anrichten. Das Raclettegerät vorheizen.
4 Die Pfännchen nach Belieben mit Gemüse, Schinken und Käse oder Ananas, Schinken und Käse belegen und im Racletteofen einige Minuten überbacken.

Varianten

Erweitern oder variieren Sie die Gemüsepalette nach Lust und Laune. So bieten sich beispielsweise Auberginen, Pilze und Sprossen an. Wenn Sie mögen, können Sie auch Salamischeiben, Bündner Fleisch, Putenbrust oder Bratenfleisch zum Raclette reichen. Mit frisch gehacktem Knoblauch oder Ingwer bekommt das Raclette eine besondere Note. Wer es scharf mag, stellt Chili bzw. Cayennepfeffer oder Sambal Oelek dazu. Auch sollte die Pfeffer- und Salzmühle nicht fehlen.

DER iss.dich.schlank. TIPP

Zum Raclette passen Salate aus der Eiweiß- und aus der Kombi-Reihe (ab Seite 86). Achten Sie auf die Mengenangaben – das Raclette ist für 2 Personen berechnet, die Salate jeweils für 1 Portion.

Desserttipp
Wählen Sie eine Nachspeise aus der Eiweißgruppe aus (ab Seite 134). Denken Sie auch hier daran, dass die Dessertrezepte für 1 Person berechnet sind.

Getränketipp
Mineralwasser mit etwas Zitronensaft passt immer. Sie können auch einen trockenen Weißwein oder eine Weinschorle anbieten.

dich. iss. schlank.

Bauernsalat mit gebackenem Schafskäse

ZUTATEN
150 g Blumenkohl
Meersalz, 1 Salatherz
einige Blättchen Rucola
1 Zwiebel, 2 Tomaten
100 g Gurke, 5 Radieschen
1 Bund Salatkräuter
40 g Schmand
1 EL Obstessig, Kräutersalz
125 g Schafskäse, 1 Eigelb
2 EL Semmelbrösel, 2 EL Öl

♦ KOHLENHYDRATE
Hauptgericht
Für 1 Portion

1 Den Blumenkohl putzen, waschen und in kleine Röschen schneiden. In wenig leicht gesalzenem Wasser bissfest garen. Anschließend mit dem Schaumlöffel herausnehmen und abkühlen lassen.
2 Salatherz und Rucola putzen, waschen und in mundgerechte Stücke zupfen. Die Zwiebel schälen und in dünne Ringe schneiden. Die Tomaten waschen und in kleine Stücke schneiden. Die Gurke schälen und fein hobeln. Die Radieschen putzen, waschen und fein stifteln. Alles dekorativ auf einem Teller anrichten.
3 Für das Dressing die Kräuter fein hacken. Schmand mit Essig, Kräutersalz und 4 Esslöffel Wasser verrühren. Die Kräuter in die Sauce rühren und das Dressing über den Salat gießen.
4 Den Schafskäse in 4 längliche Stücke schneiden, im verquirltem Eigelb, danach in Semmelbröseln wenden. Das Öl in einer beschichteten Pfanne erhitzen und den Käse darin bei mittlerer Hitze von allen Seiten goldbraun braten. Zusammen mit dem Salat servieren.

Fruchtiger Käsesalat

ZUTATEN
1 Kopfsalat, 1 Zweig Minze
1 EL Pinienkerne, 1 Apfel
1 EL Zitronensaft
1/2 Bund Radieschen
10 grüne Trauben
70 g Käse (z.B. Gouda)
40 g Mais (TK), 50 g Joghurt, 50 ml Apfelsaft
1 TL Currypulver, 1 Msp. Cayennepfeffer, Kräutersalz

♦ EIWEISS
Hauptgericht
Für 1 Portion

1 Den Salat putzen, waschen, abtropfen lassen, in mundgerechte Stücke zerpflücken und auf einer Platte anrichten. Minze waschen, trockenschütteln und fein hacken. Die Pinienkerne ohne Fett in einer beschichteten Pfanne kurz rösten.
2 Den Apfel waschen, vierteln, entkernen und in kleine Würfel schneiden. Sofort mit dem Zitronensaft beträufeln. Die Radieschen putzen und in Scheiben schneiden. Die Trauben waschen, halbieren und entkernen. Den Käse fein würfeln und mit Mais, Äpfeln, Radieschen und Trauben mischen.
3 Für das Dressing den Joghurt mit Apfelsaft verrühren. Das Dressing mit Currypulver, Cayennepfeffer und Kräutersalz würzen und über den Käsesalat gießen. Alles mischen und den Käsesalat auf dem grünen Salat anrichten. Mit Pinienkernen und gehackter Minze bestreuen.

ZUTATEN
200 g kleine Kartoffeln
1 kleine Zwiebel
30 g Rinderschinken
1/2 Bund Petersilie
50 g Erbsen (TK)
100 g Möhren (TK)
1 TL Gemüsebrühe (Instantpulver)
1 EL Butter, 1 EL feines Dinkelvollkornmehl
2 EL Sahne, Pfeffer
Meersalz, 1 TL Majoran

♦ KOHLENHYDRATE
Hauptgericht
Für 1 Portion

Béchamelkartoffeln mit Schinken und Gemüse

1 Die Kartoffeln mit Schale in 25 Minuten garen, dann abgießen, schälen und in dünne Scheiben schneiden. Die Zwiebel schälen und fein würfeln. Den Schinken in kleine Würfel schneiden. Die Petersilie waschen, trockentupfen und hacken.

2 Erbsen und Möhren mit Wasser bedecken, mit der Brühe würzen und zugedeckt bei schwacher Hitze 8 bis 10 Minuten köcheln lassen. Dann das Gemüse aus der Brühe nehmen und beiseite stellen. Von der Brühe 150 Milliliter abmessen und für die Sauce bereitstellen.

3 Für die Béchamelsauce die Butter in einem Topf schmelzen und die Zwiebelwürfel darin dünsten. Mit dem Mehl bestauben und unter Rühren anschwitzen. Mit der Gemüsebrühe glatt rühren, aufkochen lassen und die Sahne unterziehen.

4 Das Gemüse und die Kartoffeln unter die Sauce mischen, mit Pfeffer, Salz und Majoran würzen. Mit den Schinkenwürfeln und der Petersilie bestreuen.

Rosmarinkartoffeln mit Dip zu Gemüsesticks

ZUTATEN
250 g kleine neue Kartoffeln, 1 EL Öl
1 Zweig Rosmarin
Meersalz
60 g saure Sahne
150 g Joghurt, Kräutersalz
1–2 Knoblauchzehen
1 TL Paprikapulver
3 Stangen Staudensellerie
2 Möhren
1 gelbe Paprikaschote
150 g Salatgurke

♦ KOHLENHYDRATE
Hauptgericht
Für 1 Portion

1 Den Backofen auf 180 °C vorheizen. Die Kartoffeln unter fließendem Wasser gründlich abbürsten, in eine Auflaufform geben und mit dem Öl bepinseln.
2 Die Rosmarinnadeln abzupfen, zusammen mit dem Salz über die Kartoffeln geben und im heißen Backofen etwa 30 bis 35 Minuten backen. Hin und wieder die Kartoffeln lockern und wenden.
3 Die saure Sahne mit dem Joghurt glatt rühren, mit Kräutersalz würzen und die Knoblauchzehen dazu pressen. Mit dem Paprikapulver bestauben.
4 Die Selleriestangen putzen und in 10 Zentimeter lange Streifen schneiden. Die Möhren waschen, putzen und längs vierteln. Die Paprikaschote halbieren, putzen, waschen und in 1 Zentimeter breite Streifen schneiden. Die Gurke schälen, längs halbieren, mit einem Löffel entkernen und in fingerdicke, etwa 10 Zentimeter lange Stifte schneiden.
5 Die Rosmarin-Kartoffeln zusammen mit den Gemüsestiften auf einem Teller anrichten. Den Dip dazu reichen.

Kartoffel-Käse-Gratin

ZUTATEN
200 g Kartoffeln
Meersalz
60 ml Sahne
1 Msp. Muskat
150 g Möhren
100 g Kohlrabi
1 TL Butter, 50 g Erbsen
2 EL Gemüsebrühe
40 g geriebener Greyerzer
1/2 TL Majoran, Pfeffer

♦ KOHLENHYDRATE
Hauptgericht
Für 1 Portion

1 Die Kartoffeln schälen, in kleine Würfel schneiden, mit Salzwasser knapp bedecken und zugedeckt in 20 bis 25 Minuten weich kochen. Anschließend im Kochwasser stampfen. 1 Esslöffel Sahne unterrühren und mit Salz und Muskat fein würzen.
2 Möhren und Kohlrabi waschen, putzen und fein würfeln. Die Butter erhitzen. Möhren und Kohlrabi darin bei mittlerer Hitze unter Rühren 3 Minuten anbraten. Erbsen und Gemüsebrühe zufügen und zugedeckt 8 bis 10 Minuten dünsten. Den Backofen auf 175 °C vorheizen.
3 Die restliche Sahne mit 2 Esslöffel Wasser aufkochen und den Käse einrühren. Mit Salz, Majoran und Pfeffer würzen. Den Kartoffelbrei in eine feuerfeste Form geben und mit dem abgetropften Gemüse bedecken. Die Käsesauce über das Gemüse gießen und alles im Backofen 15 bis 20 Minuten überbacken.

dich. iss. schlank.

Gratinierte Kartoffeln mit Spinat

ZUTATEN
2 Kartoffeln à 100 g
1 kleine Zwiebel
1–2 Knoblauchzehen
400 g frischer Spinat
2 TL Olivenöl
Meersalz
Pfeffer
125 g Mozzarella
1 EL Crème fraîche

♦ KOHLENHYDRATE
Hauptgericht
Für 1 Portion

1 Die Kartoffeln mit Schale in 25 Minuten garen, dann abgießen. Leicht auskühlen lassen, nach Belieben schälen und der Länge nach halbieren. Die Zwiebel und die Knoblauchzehen schälen und fein würfeln. Den Spinat gründlich waschen, putzen und die harten Stiele entfernen.
2 Das Öl in einem Topf erhitzen, die Zwiebel- und Knoblauchwürfel darin dünsten. Den Spinat unter Rühren zugeben, kurz anbraten, salzen, dann zugedeckt zusammenfallen lassen. Den Backofen auf 180 °C vorheizen.
3 Die halbierten Kartoffeln mit der Schnittfläche nach oben in eine kleine Auflaufform setzen, mit Pfeffer und Salz würzen und mit einigen Spinatblättern belegen.
4 Den Mozzarella abtropfen lassen, in Scheiben schneiden und die Spinatkartoffeln damit belegen. In 15 Minuten überbacken, bis der Käse leicht gebräunt ist.
5 Crème fraîche unter den restlichen Spinat rühren, mit Salz abschmecken, nochmals kurz erhitzen und mit den gratinierten Kartoffeln servieren.

Gebratenes Kümmelkraut mit Röstkartoffeln

ZUTATEN
200 g kleine Kartoffeln
300 g Weißkohl
1/2 Bund Schnittlauch
2 EL Öl
Meersalz
1 TL Paprikapulver edelsüß
1 TL Kümmel
1 EL saure Sahne
2 EL Joghurt
Kräutersalz

♦ KOHLENHYDRATE
Hauptgericht
Für 1 Portion

1 Die Kartoffeln waschen und mit Schale in 20 Minuten garen. Dann abgießen, leicht auskühlen lassen, schälen und in dünne Scheiben schneiden. Den Kohl putzen, den harten Strunk herauslösen und das Kraut fein hobeln und etwas stampfen. Schnittlauch waschen, trockentupfen und in Röllchen schneiden.
2 In zwei Pfannen jeweils 1 Esslöffel Öl erhitzen. In einer Pfanne die Kartoffeln zufügen und unter gelegentlichem Wenden bei starker Hitze knusprig braten. Die Bratkartoffeln leicht salzen und mit dem Paprikapulver bestauben. In der zweiten Pfanne das Kraut kräftig anbraten, mit Kümmel und Salz würzen. Unter Rühren 3 bis 4 Minuten braten.
3 Die saure Sahne mit dem Joghurt verrühren. Schnittlauch und Kräutersalz unterrühren. Die Kartoffeln mit dem Kümmelkraut und der Joghurtcreme anrichten.

Bratkartoffeln mit Apfelremoulade

ZUTATEN
200 g kleine Kartoffeln
1 mürber Apfel
1 große Zwiebel
1 Gewürzgurke
2 Zweige Petersilie
1 EL Mayonnaise
125 g Joghurt
1 TL Essig, 1 TL Senf
Kräutersalz, 1 EL Öl

♦ KOHLENHYDRATE
Hauptgericht
Für 1 Portion

1 Die Kartoffeln waschen und mit Schale in 20 Minuten garen. Dann abgießen, leicht auskühlen lassen, schälen und in dünne Scheiben schneiden.
2 Den Apfel waschen, vierteln, entkernen und in sehr kleine Würfel schneiden. Die Zwiebel schälen und fein würfeln. Die Gurke ebenfalls in kleine Würfel schneiden. Die Petersilie waschen, trockenschütteln und fein hacken.
3 Mayonnaise, Joghurt, Essig, Senf und Kräutersalz miteinander verrühren. Apfel- und Gurkenwürfel und die Hälfte der Zwiebelwürfel unterrühren und alles mit der Petersilie bestreuen.
4 Das Öl erhitzen und die restlichen Zwiebelwürfel darin glasig dünsten. Die Kartoffelscheiben zufügen und unter gelegentlichem Wenden bei starker Hitze knusprig braten. Die Bratkartoffeln nach Belieben mit Pfeffer und Salz würzen und mit der Apfelremoulade servieren.

Gemüse-Kartoffel-Pfanne mit Schafskäse

ZUTATEN
1 rote Paprikaschote
80 g kleine Champignons
200 g fest kochende Kartoffeln
2 Frühlingszwiebeln
1 EL Olivenöl
Pfeffer, Kräutersalz
1 TL getrockneter Thymian
2 TL Paprika edelsüß
50 ml Gemüsebrühe
1/2 kleines Bund Rucola
60 g Schafskäse

♦ KOHLENHYDRATE
Hauptgericht
Für 1 Portion

1 Die Paprikaschote halbieren, putzen, waschen und in Streifen schneiden. Die Champignons putzen und abreiben.
2 Die Kartoffeln schälen und grob würfeln. Die Frühlingszwiebeln putzen und waschen. Das Grün in Röllchen schneiden, das Weiße in kleine Würfel schneiden.
3 Das Öl in einer beschichteten Pfanne erhitzen, Frühlingszwiebeln und Kartoffeln darin bei starker Hitze anbraten. Paprikastreifen und Champignons zugeben und unter Rühren 5 Minuten braten. Mit Pfeffer, Kräutersalz und Thymian würzen und mit dem Paprikapulver bestauben.
4 Die Brühe angießen und zugedeckt weitere 8 bis 10 Minuten köcheln lassen. Vom Rucola die harten Stiele entfernen, 5 Blättchen in feine Streifen schneiden und unter die Gemüse-Kartoffel-Mischung geben.
5 Den restlichen Rucola fächerförmig auf einem runden Teller ausbreiten. In die Mitte die Kartoffeln geben, den Käse gleichmäßig darüber zerbröseln und sofort servieren.

ätzle mit Pfifferlingen

Salz verquirlen. Das Mehl unterrühren

en bringen. Den Spätzleteig portionsmä-
geben. Ein breites Messer mit stumpfer
d den Teig damit in feinen Streifen in das
en ziehen lassen, bis sie an der Oberflä-
erausheben, kurz mit kaltem Wasser ab-
brausen und beiseite stellen.

3 Die Zwiebel schälen und fein würfeln. Die Pilze putzen und in Streifen schneiden. Die Petersilie waschen, trockentupfen und fein hacken.

4 Das Öl in einer beschichteten Pfanne erhitzen, Zwiebel und Pilze darin unter Wenden 8 bis 10 Minuten braten. Die Spätzle zugeben und mitbraten. Mit Pfeffer und Kräutersalz fein würzen. Die Sahne zugießen, alles untermischen und mit der Petersilie bestreut servieren.

ZUTATEN
2 kleine Eigelbe
Meersalz
100 g feines Dinkelvollkornmehl
3/4 l Gemüsebrühe
1 kleine Zwiebel
125 g Pfifferlinge
1/2 Bund Petersilie
1 TL Olivenöl
Pfeffer, Kräutersalz
50 ml Sahne

♦ KOHLENHYDRATE
Hauptgericht
Für 2 Portionen

Käsespätzle mit Rettichsalat (Foto)

1 Den Rettich putzen, schälen und fein raspeln. Mit dem Salz bestreuen und 5 Minuten ziehen lassen. Joghurt mit der Mayonnaise verrühren und mit den Rettichraspeln mischen. Den Salat kühl stellen.

2 Die Spätzle in reichlich leicht gesalzenem kochenden Wasser bissfest garen, dann abgießen und abtropfen lassen.

3 Die Zwiebel schälen, in dünne Ringe schneiden und im Mehl wenden. Die Butter in einer beschichteten Pfanne schmelzen und die Zwiebelringe darin unter Rühren braun braten.

4 Die Petersilie waschen, trockentupfen und fein hacken. Spätzle und Käse mit den Zwiebeln mischen und mit Pfeffer und Salz würzen. Mit dem Rettichsalat servieren und alles mit der Petersilie bestreuen.

ZUTATEN
1 Rettich, Meersalz
100 g Joghurt
1 EL Mayonnaise
80 g Vollkorn-Spätzle
1 Gemüsezwiebel
1–2 EL Weizenvollkornmehl, 1 EL Butter
1/2 Bund Petersilie
40 g geriebener Käse (z. B. Emmentaler), Pfeffer

♦ KOHLENHYDRATE
Hauptgericht
Für 1 Portion

Spaghetti mit Roquefort-Sahne

ZUTATEN
1–2 Knoblauchzehen
1 TL Olivenöl, 50 g Sahne
30 ml Gemüsebrühe
40 g Roquefort, Cayennepfeffer, Kräutersalz
1 TL gehackter Majoran
10 g Schmelzkäse
1 Messlöffel Biobin
80 g Spaghetti, Meersalz
6 Kirschtomaten

♦ KOHLENHYDRATE
Hauptgericht
Für 1 Portion

1 Den Knoblauch schälen und in dünne Scheiben schneiden. Das Öl in einer beschichteten Pfanne erhitzen und den Knoblauch darin andünsten – darauf achen, dass die Scheiben nicht zu dunkel werden.
2 Sahne und Brühe zugießen und kurz aufkochen lassen. Den Roquefort zufügen und unter ständigem Rühren schmelzen lassen. Die Sauce durch ein Sieb geben, mit Cayennepfeffer, Kräutersalz und Majoran abschmecken.
3 Die Käsesauce nochmals aufkochen lassen, den Schmelzkäse einrühren, mit Biobin binden und alles ein wenig einkochen lassen.
4 Die Nudeln in reichlich leicht gesalzenem Wasser in 8 bis 10 Minuten bissfest garen. In ein Sieb abgießen, gut abtropfen lassen und sofort mit der Roquefort-Sauce mischen. Die Kirschtomaten waschen, halbieren und die Nudeln damit garnieren.

Reisnudeln in Möhren-Kokos-Sauce

ZUTATEN
1 EL Kokosraspeln
1 kleine Zwiebel
1 haselnussgroßes Stück Ingwer
2 Möhren, 1 TL Butter
100 ml Kokosmilch
1 TL gelbe Currypaste
1 Msp. Cayennepfeffer
Meersalz, 1 TL Ahornsirup
60 g feine Reisnudeln

♦ KOHLENHYDRATE
Hauptgericht
Für 1 Portion

1 Die Kokosraspeln in einer Pfanne ohne Fett kurz rösten, dann beiseite stellen.
2 Zwiebel und Ingwer schälen und fein würfeln. Die Möhren waschen, putzen und in feine Würfel schneiden.
3 Die Butter in einer Pfanne schmelzen, Zwiebeln, Ingwer und Möhren darin unter Rühren 3 bis 4 Minuten braten. Die Kokosmilch zugießen, mit Currypaste, Cayennepfeffer, Salz und Ahornsirup fein würzen. Alles kurz aufkochen lassen und bei schwacher Hitze 2 Minuten köcheln lassen.
4 Die Reisnudeln nach Packungsangabe in leicht kochendem Wasser 5 Minuten garen, abgießen und heiß abspülen. In einen Teller geben und die Sauce darauf anrichten. Mit den Kokosraspeln bestreuen und servieren.

iss. dich. schlank.

Gratinierte Gemüsenudeln

1 Das Suppengrün putzen und sehr fein würfeln. Das Öl in einer beschichteten Pfanne erhitzen und die Gemüsewürfel darin unter Rühren kräftig anbraten. Erbsen, 1 Esslöffel Käse und Pinienkerne unterrühren.
2 Für die Béchamelsauce die Butter in einem Topf schmelzen. Das Mehl darin anschwitzen, mit 150 Milliliter Wasser glatt rühren, aufkochen lassen und die Sahne unterziehen. Das Gemüse unter die Sauce mischen, mit der Brühe und Cayennepfeffer würzen.
3 Die Nudeln in reichlich leicht gesalzenem kochenden Wasser bissfest garen, dann abgießen und abtropfen lassen. Den Backofen auf 200 °C vorheizen.
4 Die Hälfte der Nudeln in eine feuerfeste Form füllen, die Gemüsesauce darauf verteilen und die restlichen Nudeln obenauf geben. Mit dem restlichen Käse bestreuen. Im Backofen 12 bis 15 Minuten überbacken.

Der iss.dich.schlank. Tipp

Wenn sich in der Sauce Klößchen bilden, rühren Sie sie einfach mit dem Schneidestab glatt. Dazu passt als Vorspeise der Eisbergsalat mit Kräuter-Vinaigrette (siehe Seite 87).

ZUTATEN
1 Bund Suppengrün
1 TL Olivenöl
50 g Erbsen (TK)
50 g geriebener Greyerzer
1 EL Pinienkerne
1 EL Butter
1 EL feines Dinkelvollkornmehl
2 EL Sahne
1 TL Gemüsebrühe (Instantpulver)
1 Msp. Cayennepfeffer
90 g schmale Vollkornbandnudeln, Meersalz

♦ **KOHLENHYDRATE**
Hauptgericht
Für 1 Portion

Nudeln mit buntem Gemüse

1 Die Nudeln in reichlich leicht gesalzenem kochenden Wasser bissfest garen, dann abgießen und abtropfen lassen.
2 Die Zucchini waschen, putzen und in kleine Würfel schneiden. Die Paprikaschoten waschen, halbieren, putzen und klein würfeln. Den Knoblauch schälen und in Scheiben schneiden.
3 Das Öl in einer beschichteten Pfanne erhitzen und den Knoblauch darin andünsten. Zucchini- und Paprikawürfel zugeben und unter Rühren 5 Minuten schmoren lassen.
4 Die Nudeln unterrühren, Sahne zugeben, mit Oregano, Pfeffer und Salz würzen. Mit dem Parmesan bestreuen und servieren.

ZUTATEN
80 g Nudeln, Meersalz
1 Zucchini, je 1 rote und grüne Paprikaschote
1–2 Knoblauchzehen
1 TL Olivenöl, 3 EL Sahne
1 TL Oregano, Pfeffer
1 EL geriebener Parmesan

♦ **KOHLENHYDRATE**
Hauptgericht
Für 1 Portion

ZUTATEN

2–3 Knoblauchzehen
2 EL Olivenöl
3 Zweige Petersilie
1 TL Sesamsamen
1 EL Pinienkerne
Kräutersalz
1/2 TL Sambal Oelek
(ersatzweise frische Chili)
80 g Tagliatelle
Meersalz
2 Fleischtomaten

♦ KOHLENHYDRATE

Hauptgericht
Für 1 Portion

Tagliatelle mit scharf-pikantem Pesto

1 Den Knoblauch schälen und grob hacken. Das Öl erhitzen, den Knoblauch darin goldbraun braten, dann abkühlen lassen.

2 Petersilie waschen, trockenschütteln und sehr fein hacken. Petersilie, Knoblauch mit Bratöl, Sesam, Pinienkerne und Kräutersalz in einem Mörser zu einer sämigen Paste zerreiben. Mit Sambal Oelek scharf würzen.

3 Die Nudeln in reichlich leicht gesalzenem kochenden Wasser bissfest garen, dann abgießen, abtropfen lassen und mit dem Pesto vermischen.

4 Die Tomaten waschen, von den Stielansätzen befreien, in schmale Spalten schneiden und leicht salzen. Zusammen mit den Nudeln servieren.

Süß-scharfe Spaghetti mit Rosinensauce

1 Die Rosinen heiß abwaschen und mit Küchenpapier abtrocknen.
2 Die Petersilie waschen, trockenschütteln und fein hacken. Die Paprikaschote putzen und in feine Streifen schneiden. Den Knoblauch schälen und fein hacken.
3 Die Nudeln in reichlich leicht gesalzenem kochenden Wasser nach Packungsangabe bissfest garen, abgießen und abtropfen lassen.
4 Das Öl in einer beschichteten Pfanne erhitzen, Paprikastreifen und Knoblauch darin bei schwacher Hitze anbraten. Die Cashewkerne unterrühren und 1 Minute mitbraten. Sambal Oelek unterrühren, die gehackte Petersilie und die Rosinen zugeben, kurz in der Pfanne schwenken, die Nudeln untermischen und sofort servieren.

ZUTATEN
1 EL Rosinen
1 kleines Bund Petersilie
1/2 rote Paprikaschote
1–2 Knoblauchzehen
80 g Spaghetti, Meersalz
1 EL Öl (z.B. Sesamöl)
1 EL Cashewkerne
1 TL Sambal Oelek

♦ KOHLENHYDRATE
Hauptgericht
Für 1 Portion

Süße Mohnnudeln mit Dattelsalat

1 Die Sojacreme mit 3 Esslöffel Wasser zum Kochen bringen, dann von der Kochstelle nehmen. Rosinen, Mohn und 1 Messerspitze Stevia bzw. 2 Teelöffel Honig zufügen und alles etwa 10 Minuten quellen lassen.
2 Die Nudeln in reichlich kochendem Wasser nach Packungsangabe bissfest garen, abgießen und abtropfen lassen. Noch heiß mit der süßen Sauce mischen und mit den Mandelblättchen bestreuen.
3 In der Zwischenzeit den Salat putzen, waschen, abtropfen lassen und in mundgerechte Stücke zerpflücken.
4 Für die Salatsauce die Datteln in feine Würfel schneiden. Die saure Sahne mit 2 Esslöffel Wasser verdünnen, mit restlichem Stevia bzw. Honig süßen und die Dattelwürfel untermischen. Mit Zimt, Nelkenpulver und Kardamom fein würzen. Den Salat in eine Schüssel geben und mit der Sauce beträufeln. Zusammen mit den Mohnnudeln servieren.

ZUTATEN
100 g Sojacreme
1 EL Rosinen
1 EL gemahlener Mohn
2 Msp. Stevia oder
3 TL Honig
80 g schmale Bandnudeln
1 TL Mandelblättchen
1 kleiner Kopfsalat
3 Datteln, 2 EL saure
Sahne, 1 TL Zimt
1/2 TL Nelkenpulver
1/2 TL Kardamom

♦ KOHLENHYDRATE
Hauptgericht
Für 1 Portion

Scharfes Paprika-Reis-Gratin

ZUTATEN

60 g Naturreis, Meersalz
1 Frühlingszwiebel
1 rote Paprikaschote
100 g Champignons
1 TL Olivenöl
2–3 EL Gemüsebrühe
1/2–1 TL Sambal Oelek
Kurkuma
40 g geriebener Greyerzer

♦ KOHLENHYDRATE
Hauptgericht
Für 1 Portion

1 Den Reis mehrmals waschen, bis das Wasser klar ist, dann mit Salzwasser bedeckt zum Kochen bringen. Den Reis bei schwacher Hitze 30 Minuten kochen, dann beiseite stellen und 10 Minuten quellen lassen. Den Backofen auf 175 °C vorheizen.

2 Die Frühlingszwiebel putzen und waschen. Das Grün in Röllchen, das Weiße in kleine Würfel schneiden. Die Paprikaschote waschen, halbieren, putzen und klein würfeln. Die Pilze putzen, abreiben und in dünne Scheiben schneiden.

3 Das Öl in einer beschichteten Pfanne erhitzen, Zwiebeln, Paprika und Pilze darin unter Rühren etwa 5 Minuten kräftig anbraten. Den Reis unter das Gemüse mischen, die Brühe zugießen und alles mit Sambal Oelek, Kurkuma und Salz würzen.

4 Die Gemüse-Reis-Mischung in eine Auflaufform füllen und den Käse gleichmäßig darauf verteilen. Das Gratin im Backofen 15 Minuten überbacken, bis der Käse leicht gebräunt ist.

Safran-Pilz-Risotto

ZUTATEN

60 g Vollkorn-Rundreis
Meersalz
30 g getrocknete Mu-Err-Pilze, 1 Zwiebel
2 Stängel Koriander (ersatzweise Petersilie)
1 TL Öl (z.B. Sesamöl)
100 g Erbsen (TK)
1 kleine rote Chilischote
1/2 Döschen Safran
1 TL Currypulver
1–2 EL Worcestersauce

♦ KOHLENHYDRATE
Hauptgericht
Für 1 Portion

1 Den Reis mehrmals waschen, bis das Wasser klar ist, dann mit Salzwasser bedeckt zum Kochen bringen. Den Reis bei schwacher Hitze 30 Minuten kochen, dann beiseite stellen und 10 Minuten quellen lassen.

2 Mu-Err-Pilze in heißem Wasser 30 Minuten einweichen. Die Pilze ausdrücken und in Scheiben schneiden, dabei die harten Stiele entfernen. Die Zwiebel schälen und fein würfeln. Den Koriander waschen, trockentupfen und fein hacken.

3 Das Öl in einer beschichteten Pfanne erhitzen, die Zwiebeln darin glasig dünsten. Pilze, Erbsen und Chilischote zufügen und bei starker Hitze unter Wenden 5 Minuten braten. Den abgetropften Reis unterrühren, mit Safran, Currypulver und Worcestersauce würzen. Die Chilischote entfernen. Das Risotto mit dem Koriandergrün bestreut servieren.

Gebratener Gemüsereis mit Cashewkernen

1 Den Reis mehrmals waschen, bis das Wasser klar ist. In einen Topf geben, mit leicht gesalzenem Wasser bedecken und bei schwacher Hitze 30 Minuten köcheln lassen. Den Herd ausschalten und den Reis 10 Minuten quellen lassen.
2 Die Cashewkerne in einer Pfanne ohne Fett goldbraun rösten und beiseite stellen. Die Zwiebel schälen und in dünne Ringe schneiden. Die Pilze putzen und in schmale Streifen schneiden. Die Paprikaschote waschen, halbieren, putzen und in kleine Würfel schneiden.
3 Das Öl in einer beschichteten Pfanne erhitzen. Zwiebeln, Pilze und Paprikawürfel unter Rühren bei starker Hitze so lange braten, bis das Gemüse eine leicht braune Farbe angenommen hat. Den Reis zugeben und einige Minuten mitbraten. Mit Currypaste, Kurkuma, Salz und Pfeffer würzen. Mit der Sojasauce abschmecken und mit den Cashewkernen bestreuen.

ZUTATEN
60 g Naturreis
Meersalz
1 EL Cashewkerne
1 Zwiebel
100 g Austernpilze
1 grüne Paprikaschote
1 TL Öl (z.B. Sesamöl)
1/2 TL gelbe Currypaste
1/2 TL Kurkuma, Pfeffer
1–2 EL dunkle Sojasauce

♦ KOHLENHYDRATE
Hauptgericht
Für 1 Portion

Apfelreis mit gerösteten Pinienkernen

1 Die Rosinen mit kochendem Wasser übergießen, 5 Minuten ziehen lassen, dann abgießen und beiseite stellen.
2 Die Sahne mit 200 Milliliter Wasser in einem Topf verrühren. Den Reis zugeben und zugedeckt bei schwacher Hitze 30 Minuten köcheln lassen. Anschließend in eine kleine Auflaufform geben. Den Backofen auf 200 °C vorheizen.
3 Die Pinienkerne ohne Fett in einer beschichteten Pfanne kurz rösten. Den Apfel waschen, vierteln, schälen, entkernen und grob raspeln. Mit den Rosinen, Pinienkernen, 1 Teelöffel Zimt und 1 Messerspitze Stevia bzw. 1/2 Esslöffel Ahornsirup mischen und gleichmäßig auf dem Reis verteilen.
4 Joghurt mit Crème fraîche, Eigelb, restlichem Zimt und restlichem Stevia bzw. Ahornsirup verrühren. Die Joghurtcreme gleichmäßig auf die geraspelten Äpfel streichen und das Ganze im Backofen 15 Minuten überbacken. Den Apfelreis warm oder kalt servieren.

ZUTATEN
2 EL Rosinen
75 g Sahne
60 g Vollkorn-Milchreis
2 EL Pinienkerne
1 großer mürber Apfel
2 TL gemahlener Zimt
2 Msp. Stevia oder
1 1/2 EL Ahornsirup
125 g Joghurt
2 EL Crème fraîche
1 Eigelb

♦ KOHLENHYDRATE
Hauptgericht
Für 1 Portion

Aprikosen-Bulgur-Salat mit Äpfeln

ZUTATEN
3 getrocknete Aprikosen
1 EL Mandelblättchen
75 g Bulgur, Meersalz
1 mürber Apfel
1 Fenchelknolle
1 haselnussgroßes Stück Ingwer
1 TL Zimt
1 Msp. Kardamom
2 EL Sojacreme

♦ KOHLENHYDRATE
Hauptgericht
Für 1 Portion

1 Die Aprikosen klein schneiden, mit heißem Wasser gut bedecken und 1 Stunde einweichen. Die Mandelblättchen in einer Pfanne ohne Fett goldbraun rösten.
2 Den Bulgur in 280 Milliliter kochendes Salzwasser geben. Zugedeckt etwa 15 Minuten quellen lassen, bis das Wasser aufgesogen ist. Den Bulgur beiseite stellen und abkühlen lassen.
3 Den Apfel waschen, vierteln, entkernen und in kleine Würfel schneiden. Den Fenchel waschen, putzen, halbieren und den Strunk keilförmig herausschneiden. Eine Hälfte des Fenchels in feine Würfel schneiden, die andere Hälfte fein hobeln. Etwas Fenchelgrün hacken und beiseite stellen.
4 Apfel- und Fenchelwürfel und die Aprikosen mit dem Bulgur mischen. Den Ingwer schälen und fein hacken. Das Einweichwasser der Aprikosen mit Ingwer, Zimt, Kardamom und Sojacreme verrühren, zart salzen und über den Salat gießen.
5 Die Fenchelscheibchen zusammen mit dem Bulgursalat auf einem Teller anrichten. Mit dem Fenchelgrün und den Mandelblättchen bestreuen.

Pikante Brokkoli-Bulgur-Pfanne (Foto)

ZUTATEN
1 EL Pinienkerne
250 g Brokkoli, Meersalz
1 Zwiebel, 1 TL Olivenöl
75 g Bulgur
1/4 l Gemüsebrühe
60 ml Kokosmilch
1/2 TL gelbe Currypaste
1 TL Currypulver
1 EL saure Sahne
5 Kirschtomaten

♦ KOHLENHYDRATE
Hauptgericht
Für 1 Portion

1 Die Pinienkerne ohne Fett in einer beschichteten Pfanne kurz rösten, dann auf einen Teller geben und beiseite stellen.
2 Den Brokkoli waschen, putzen und in kleine Röschen teilen. Die Stiele schälen und in kleine Stücke schneiden. Beides in kochendem Salzwasser 5 bis 8 Minuten bissfest garen, herausnehmen und abtropfen lassen.
3 Die Zwiebel schälen, halbieren und in schmale Spalten schneiden. Das Öl in einer beschichteten Pfanne erhitzen und die Zwiebeln darin unter Rühren anbraten.
4 Bulgur zufügen, Brühe und Kokosmilch angießen, aufkochen lassen und den Bulgur zugedeckt bei geringer Hitze 15 bis 20 Minuten quellen lassen. Mit Salz, Currypaste und Currypulver würzen und die saure Sahne unterrühren.
5 Brokkoli vorsichtig unterheben. Die Tomaten waschen, halbieren und die Bulgur-Pfanne damit garnieren. Mit den Pinienkernen bestreut servieren.

Gemüse-Couscous

ZUTATEN

80 g Couscous
1 kleine Aubergine
Meersalz, 1 Zwiebel
1–2 Knoblauchzehen
1 kleine Zucchini
100 g Austernpilze
1 TL Öl (z.B. Olivenöl)
1 TL getrockneter Thymian
1 Msp. Cayennepfeffer

♦ KOHLENHYDRATE
Hauptgericht
Für 1 Portion

1 Den Couscous nach Packungsanweisung zubereiten.
2 Von der Aubergine den Stielansatz entfernen, die Frucht in dünne Scheiben schneiden, mit Salz bestreuen und 10 Minuten ziehen lassen.
3 Die Zwiebel schälen, halbieren und in feine Streifen schneiden. Knoblauch schälen und hacken. Zucchini waschen, putzen und grob würfeln. Die Austernpilze putzen und in Streifen schneiden.
4 Das Öl in einer Pfanne erhitzen. Zwiebeln und Knoblauch darin bei schwacher Hitze glasig werden lassen. Zucchini und Pilze zufügen und alles 10 Minuten braten. Couscous unterrühren, mit Salz, Thymian und Cayennepfeffer würzen.

DER iss.dich.schlank. TIPP

Couscous besteht aus Weizengries, in manchen Gegenden auch aus Hirse. Durch Anfeuchten und Reiben wird er zu Krümeln verarbeitet und anschließend gepresst, um die Körnchen zu homogenisieren.

Süß-scharfes Hirsesauté mit Ingwer

ZUTATEN

60 g Hirse
240 ml Gemüsebrühe
80 g Zuckerschoten
1 rote Paprikaschote
1 kleine Zwiebel
1 haselnussgroßes Stück Ingwer, 1 TL Öl
50 g Erbsen (TK), Meersalz
1/2 TL Sambal Oelek
1 EL Sweet Chilisauce

♦ KOHLENHYDRATE
Hauptgericht
Für 1 Portion

1 Die Hirse heiß abbrausen, mit der Gemüsebrühe bedeckt zum Kochen bringen und zugedeckt 15 Minuten köcheln lassen. Den Herd ausschalten und die Hirse 10 Minuten nachquellen lassen.
2 Zuckerschoten waschen und putzen. Im kochenden Wasser 2 Minuten blanchieren, dann herausnehmen und gut abtropfen lassen. Die Paprikaschote waschen, halbieren, putzen und klein würfeln. Die Zwiebel schälen, halbieren und in dünne Streifen schneiden. Den Ingwer schälen und fein hacken.
3 Das Öl in einer Pfanne erhitzen, Zwiebeln und Ingwer darin unter Rühren scharf anbraten. Paprikawürfel, Zuckerschoten und Erbsen zufügen und das Gemüse bei mittlerer Hitze 5 Minuten schmoren lassen. Hirse unter das Gemüse rühren, mit Salz, Sambal Oelek und der Sweet Chilisauce würzen.

Gemüsekuchen vom Blech

I Das Mehl mit dem Backpulver mischen. Salz, Joghurt, Crème fraîche, 2 Esslöffel Wasser, Öl und Thymian zufügen und alles zu einem glatten Teig verkneten. Ein Backblech mit etwas Butter einfetten, den Teig darauf geben und mit nassen Händen auseinander drücken, bis der Boden bedeckt ist. Den Backofen auf 200 °C vorheizen.

2 Für den Belag eine Paprikaschote halbieren, putzen, waschen, grob zerkleinern und mit dem Schneidestab zu einer Paste pürieren. Mit Sambal Oelek, Paprikapulver und Kräutersalz würzen.

3 Zwiebel und Lauch schälen bzw. putzen und in dünne Ringe schneiden. Die Champignons putzen, abreiben und in Scheiben schneiden. Die zweite Paprikaschote waschen, halbieren, putzen und in kleine Streifen schneiden.

4 Das Olivenöl in einer beschichteten Pfanne erhitzen. Zwiebel- und Lauchringe, Pilze und Paprikastreifen unter Rühren kräftig anbraten. Mit Kräutersalz, Pfeffer und Oregano würzen.

5 Den Käse abtropfen lassen und in Scheiben schneiden. Das Gemüse gleichmäßig auf dem Teigboden verteilen. Mit den Oliven und Mozzarella belegen. Den Gemüsekuchen im Backofen 20 Minuten backen.

ZUTATEN
375 g feines Dinkelvollkornmehl, 1 Pck. Backpulver, Salz, 150 g Joghurt
100 g Crème fraîche
3 EL Öl, 1 TL Thymian
Butter, 2 rote Paprikaschoten, 1 TL Sambal Oelek, 1 TL Paprikapulver
Kräutersalz, 1 Gemüsezwiebel, 1 Stange Lauch
200 g Champignons
1 EL Olivenöl, Pfeffer
1–2 TL Oregano, 250 g Mozzarella, 50 g Oliven

♦ KOHLENHYDRATE
Hauptgericht
Für 9 Portionen

)ie Hälfte des Mehls unterrüh-
ten gehen lassen. Ein rundes
00 °C vorheizen.
; geben und kräftig verkneten.
Händen auseinander drücken,
) Minuten gehen lassen.
ɪn. Die Paprikaschote waschen,
Zwiebeln und Paprika darin bei
räutersalz und Oregano würzen.
rschiedenen Käsesorten belegen.

ZUTATEN
25 g Hefe, 200 g feines Dinkelvollkornmehl
Butter, Meersalz, 1 EL Öl
1 Gemüsezwiebel, 1 rote Paprikaschote, Kräutersalz
1–2 TL Oregano, 25 g Emmentaler, 25 g Greyerzer
25 g Roquefort

♦ KOHLENHYDRATE
Hauptgericht
Für 2 Portionen

ZUTATEN
150 g Erdbeeren (TK)
1/2 TL Stevia oder
1 EL flüssiger Honig
1 EL Mascarpone

♦ EIWEISS
Snack/Dessert
Für 1 Portion

Erdbeer-Mascarpone-Sorbet

1. Die Erdbeeren antauen lassen, 2 kleine Beeren für die Dekoration beiseite legen. Die übrigen Früchte zusammen mit Stevia bzw. Honig und Mascarpone mit dem Schneidestab pürieren.
2. Das Sorbet in einem Dessertglas anrichten und mit den beiseite gelegten Erdbeeren garnieren. Sofort servieren.

Der iss.dich.schlank.Tipp

Erdbeeren enthalten eine Menge Vitamin C sowie Eisen. Diese Kombination ist ideal, da der Körper Eisen zusammen mit Vitamin C besonders gut aufnehmen kann. Beide Stoffe stärken das Immunsystem.

Marmorierte Beerengrütze

1 Die Gelatine in kaltem Wasser 10 Minuten einweichen.
2 Die Früchte putzen, waschen und in einen Topf geben. 200 Milliliter Wasser, Zimtstange und Nelken zufügen und alles aufkochen lassen.
3 Die Gelatine ausdrücken und unter die Grütze rühren. Mit Stevia bzw. Honig süßen, dann abkühlen lassen, in eine Glasschale füllen und kalt stellen. Die Sahne halb steif schlagen und unregelmäßig unter die Grütze ziehen.

Der iss.dich.schlank.Tipp

Die Marmorierte Beerengrütze wie auch die Ingwer-Orangen-Mousse eignen sich ideal als kleine Nascherei am Arbeitsplatz. Verpacken Sie den süßen Snack in einer gut verschließbaren Kunststoffdose. Beide halten sich 1 bis 2 Tage, wenn sie gut gekühlt aufbewahrt werden.

ZUTATEN
1 Blatt Gelatine
250 g gemischte rote Früchte
1 kleine Zimtstange
2 Gewürznelken
1/2 TL Stevia oder
2 EL Honig
50 g Sahne

♦ EIWEISS
Snack/Dessert
Für 1 Portion

Ingwer-Orangen-Mousse

1 Die Gelatine in kaltem Wasser 10 Minuten einweichen.
2 Den Ingwer schälen und fein hacken. Die Orangen halbieren und Saft auspressen. Den Saft in einen Topf geben und kurz aufkochen lassen. Die Gelatine ausdrücken und im Saft auflösen.
3 Das Eigelb schaumig aufschlagen. Mit einem Schneebesen den heißen Saft tröpfchenweise unter das Eigelb rühren. Ingwer und Stevia bzw. Honig zufügen, anschließend leicht abkühlen lassen.
4 Den Quark glatt rühren und mit der Orangenmasse mischen. Die Mousse in ein Dessertglas füllen und 6 bis 8 Stunden, am besten über Nacht, kalt stellen. Mit Melisseblättchen garnieren.

ZUTATEN
2 Blatt Gelatine
1 haselnussgroßes Stück Ingwer
2 Orangen
1 Eigelb
1/3 TL Stevia oder
2 EL Honig
150 g Sahnequark
2 Blättchen Zitronenmelisse

♦ EIWEISS
Snack/Dessert
Für 1 Portion

iss. dich. schlank.

ZUTATEN
1 Blatt Gelatine
1 unbehandelte Limette
1 Msp. Stevia oder
1 EL flüssiger Honig
150 g Kefir
50 g Sahne
2 Blättchen Zitronenmelisse

♦ EIWEISS
Snack/Dessert
Für 1 Portion

Limettencreme

1 Die Gelatine in kaltem Wasser 10 Minuten einweichen.
2 Die Limette heiß abwaschen und mit einem Zestenreißer kleine Streifen abschneiden. Limette halbieren, eine dünne Scheibe für die Garnitur beiseite legen, restliche Limette auspressen. Den Limettensaft mit Stevia bzw. Honig süßen und mit dem Kefir und den Limettenstreifchen verrühren.
3 Die Gelatine ausdrücken, in einem kleinen Topf bei geringer Hitze auflösen und tropfenweise unter den Limetten-Kefir rühren. Die Sahne steif schlagen. Sobald die Kefircreme zu gelieren beginnt, die Sahne mit einem Schneebesen unterrühren.
4 Die Creme in ein Dessertglas geben und etwa 3 Stunden im Kühlschrank erstarren lassen. Mit der Limettenscheibe und der Zitronenmelisse garnieren.

ZUTATEN
100 g Korinthen
1 EL Butter
100 g Sahne
100 g gehackte Mandeln
40 g feines Dinkelvollkornmehl
30 g Schokolade
(70 % Kakaoanteil)

♦ KOHLENHYDRATE
Für etwa 25 Stück

Mandelhäufchen

1 Die Korinthen 1 Stunde kalt stellen, damit sie nicht kleben, dann mit einem scharfen Messer in kleine Stücke hacken.
2 Butter in einem kleinen Topf schmelzen, Sahne, Mandeln und Korinthen zufügen und kurz aufkochen lassen. Das Mehl vorsichtig unterrühren, dann den Topf von der Herdplatte nehmen. Den Backofen auf 200 °C vorheizen.
3 Ein Backblech mit Backpapier auslegen. Mit zwei Teelöffeln aus der Masse kleine runde Häufchen formen, mit den Händen leicht flach drücken und auf das Blech setzen. Im Backofen 5 Minuten backen, anschließend auskühlen lassen.
4 Die Schokolade im heißen Wasserbad schmelzen und die Unterseite der Mandelhäufchen damit bestreichen.

Der iss.dich.schlank. Tipp

Kleine Naschereien müssen manchmal sein und machen so richtig zufrieden. Dieses Rezept zeigt, dass gesunde Süßigkeiten nicht nur köstlich schmecken, sondern auch meistens viele Ballast- und Powerstoffe liefern.

Süße Heidelbeer-Schichtspeise

1 Frische Heidelbeeren verlesen und waschen. TK-Heidelbeeren auftauen lassen. Einige Früchte für die Garnitur beiseite legen, den Rest vorsichtig mit einer Gabel zu Mus zerdrücken.
2 Das Heidelbeermus mit etwas Stevia bzw. Ahornsirup süßen und mit der Hälfte des Joghurts verrühren. Restliches Joghurt mit frisch gepresstem Zitronensaft verrühren und ebenfalls süßen.
3 In einem hohen Dessertglas abwechselnd weißen Joghurt und Heidelbeerjoghurt einschichten. Mit den restlichen Heidelbeeren garnieren.

DER iss.dich.schlank.TIPP

Heidelbeeren – diese köstlichen und erfrischenden kleinen Früchte eignen sich besonders gut für Kuchenbelag oder Desserts. Da sie weder basisch noch sauer verdaut werden, zählen sie zu den neutralen Lebensmitteln und können somit in allen passenden Rezepten eingebaut werden.

ZUTATEN
100 g Heidelbeeren (frisch oder TK)
1/4 TL Stevia oder
1 EL Ahornsirup
150 g Joghurt
1 TL Zitronensaft

♦ EIWEISS
Snack/Dessert
Für 1 Portion

Heidelbeer-Crêpes

1 Frische Heidelbeeren verlesen und waschen. TK-Heidelbeeren auftauen lassen. Die Hälfte der Beeren mit einer Gabel zu Mus zerdrücken und mit Stevia bzw. Ahornsirup süßen. Heidelbeermus mit dem Quark verrühren.
2 Eigelb mit Sahne, 100 Milliliter Wasser, Salz und einigen Tropfen Öl mit einem Schneebesen schaumig aufschlagen. Das Mehl unterrühren und den Teig 5 Minuten quellen lassen.
3 1 Teelöffel Öl in einer kleinen beschichteten Pfanne erhitzen. 1 kleine Schöpfkelle Teig in die Pfanne geben, dabei den Teig gleichmäßig dünn verteilen und den Crêpe bei starker Hitze 1 bis 2 Minuten backen, dann wenden und von der zweiten Seite 1 Minute backen. Den Crêpe aus der Pfanne nehmen und warm stellen. Aus dem restlichen Öl und dem übrigen Teig einen weiteren Crêpe backen.
4 Die Crêpes mit dem Heidelbeerquark bestreichen, die Heidelbeeren darauf verteilen und aufrollen. Sofort servieren.

ZUTATEN
50 g Heidelbeeren (frisch oder TK)
1 Msp. Stevia oder
1 EL Ahornsirup
4 EL Quark (20 % Fett)
1 kleines Eigelb
1 EL Sahne
Salz, 1 1/2 EL Öl
2 EL feines Dinkelvollkornmehl

♦ KOHLENHYDRATE
Snack/Dessert
Für 2 Crêpes

Apfelstreusel (Foto)

ZUTATEN
70 g Rosinen
100 g Butter, 50 g Honig
100 g Quark (20 % Fett)
1 TL Vanillepulver
1 Msp. Meersalz
1 TL Weinstein-Backpulver
140 g feines Dinkelvollkornmehl, 3 mürbe Äpfel
2 TL Zimtpulver
Für die Streusel:
180 g feines Dinkelvollkornmehl, 75 g kalte Butter, 75 g Honig

♦ KOHLENHYDRATE
Für 1 Kuchen

1 Die Rosinen mit kochendem Wasser übergießen, 5 Minuten ziehen lassen, dann abgießen und in einem Sieb abtropfen lassen.
2 Die Butter zusammen mit Honig und 4 Esslöffel Wasser cremig aufschlagen. Quark, Vanillepulver und Salz unter Rühren zugeben. Das Backpulver mit dem Mehl mischen und nach und nach unter die Butter-Quark-Masse rühren. Eine Springform (28 cm ∅) sorgfältig einfetten, den Teig einfüllen und glatt streichen. Den Backofen auf 150 °C vorheizen.
3 Die Äpfel waschen, schälen, vierteln, entkernen, in kleine Würfel schneiden und gleichmäßig auf dem Teig verteilen. Die Rosinen darüber streuen und alles mit Zimt bestauben.
4 Für die Streusel das Mehl, Butter und Honig in eine Schüssel geben, mit den Händen zu Streuseln verkneten und auf den Äpfeln verteilen. Den Kuchen im Backofen 35 bis 40 Minuten backen, bis die Streusel leicht gebräunt sind. Nach Belieben mit Puderzucker bestreuen.

Gewürzkuchen

ZUTATEN
320 g feines Dinkelvollkornmehl, 100 g Butter
1 Pck. Weinstein-Backpulver, 1 EL Zitronenschale
2 Eigelbe, 1/2 TL Salz
150 g Quark (20 % Fett)
100 g Honig, 150 g Rosinen, 100 g gehackte Mandeln, 2 TL Kardamom
20 g Ingwer, 2 TL Anis
5 Tropfen Rumaroma

♦ KOHLENHYDRATE
Für 1 Kuchen

1 Das Mehl auf eine Arbeitsfläche geben, in die Mitte eine Vertiefung drücken und die in Stücke geschnittene Butter hineingeben.
2 Backpulver, Zitronenschale, Eigelbe und Salz zufügen und mit einem Teil des Mehls vermischen. Quark, Honig, Rosinen, Mandeln, Gewürze und fein gehackten Ingwer zufügen und alles zu einem geschmeidigen Teig verkneten.
3 Den Backofen auf 175 °C vorheizen. Den Teig in eine gefettete Kastenform geben und den Gewürzkuchen in 45 bis 50 Minuten backen.

dich. iss. schlank.

ZUTATEN
80 g TK-Früchte (z.B. Erdbeeren, Himbeeren, Heidelbeeren, Brombeeren)
1 Msp. Stevia oder
2 EL Agavendicksaft
200 ml Kefir

♦ EIWEISS
Getränk
Für 1 Portion

Kalter Früchtekefir

1 Die Früchte leicht antauen lassen und mit dem Stevia bzw. Agavendicksaft mischen.
2 Den Kefir zugeben und alles mit dem Schneidestab pürieren. In ein Glas füllen und servieren.

Der iss.dich.schlank. Tipp

Diese beiden vitaminreichen Drinks machen garantiert munter, denn sie sorgen zwischen den Mahlzeiten für einen kräftigen Energieschub. Kefir und Buttermilch zählen zu den neutralen Lebensmitteln, darum können diese Mixgetränke mit jedem Obst der Saison zubereitet werden.

ZUTATEN
1/2 Banane
1 EL Ahornsirup
1 Msp. Zimt
1 EL Kokosraspel
200 ml Buttermilch

♦ KOHLENHYDRATE
Getränk
Für 1 Portion

Kokos-Bananen-Buttermilch

1 Die Banane schälen und in kleine Stücke schneiden.
2 Die Bananenstücke mit Ahornsirup, Zimt, Kokosraspeln und Buttermilch in einen hohen Becher geben, dann mit dem Schneidestab pürieren. Gut gekühlt servieren.

Himbeer-Eistee

1 Den Früchtetee mit Stevia bzw. Honig nach individuellem Geschmack süßen und gut abkühlen lassen.
2 Die Himbeeren verlesen und abbrausen, mit dem Tee mischen und das Ganze 2 bis 3 Stunden im Kühlschrank ziehen lassen. Den Eistee mit je einem Eiswürfel in Gläser geben und servieren.

DER iss.dich.schlank.TIPP

Für den Eistee können Sie auch anderes Beerenobst verwenden. Beeren liefern gleich ein ganzes Paket an Vitalstoffen, die unser Immunsystem stärken. Da die Beeren im Tee nicht erhitzt werden, gehen wichtige Vitamine auch nicht verloren.

ZUTATEN
1 l Früchtetee
Stevia oder Honig
150 g Himbeeren
Eiswürfel

♦ EIWEISS
Getränk
Für 6 Gläser

Orangen-Longdrink

1 Die Orangen halbieren, eine dünne Scheibe abschneiden und für die Garnitur beiseite legen, den Rest auspressen.
2 Das zerstoßene Eis mit Minzeblättchen, Wodka und Orangensaft im Mixer pürieren. In ein Longdrinkglas füllen und mit der Orangenscheibe garnieren.

ZUTATEN
2 unbehandelte Orangen
2 EL zerstoßenes Eis
2 Minzeblättchen
2 EL Wodka

♦ EIWEISS
Getränk
Für 1 Portion

Der große iss.dich.schlank.-Mengenplan

Mithilfe dieses Plans brauchen Sie keine Kalorien oder Fette mehr zu zählen. Hier sehen Sie, welche Mengen für die Kategorien Frühstück, Hauptgericht oder Snack für 1 Person angemessen sind. Einfach und schnell, ohne sich kasteien zu müssen, erreichen Sie mit diesem Plan Ihr Wohlfühlgewicht.

◆ **Ganz wichtig: Trinken Sie jede Stunde 1 Glas Wasser.**

FRÜHSTÜCK

Sie haben die Wahl zwischen einem Obstfrühstück, einem eiweißreichen und einem kohlenhydratreichen Frühstück.

Obstfrühstück

Frisches Obst der Saison in beliebiger Menge.

Beispiele: Ananas • Erdbeeren Himbeeren • Brombeeren • Äpfel Birnen • Pfirsiche • Aprikosen Kiwi • Kirschen • Mirabellen Nektarinen (siehe Kombiplan)

◆ **Hinweis: Mischen Sie fruchtsäurehaltige Obstsorten nicht mit Bananen, Feigen oder Datteln.**

Eiweißreiches Frühstück

2 Eier in jeder Form und Zubereitungsart: **gefüllte oder gekochte Eier, Omelett, pochierte Eier, Rühr- oder Spiegeleier**

Dazu in beliebiger Menge: **Tomaten, Gurken, Paprikaschoten, Radieschen oder ein anderes Gemüse, aber kein Brot**
In den Rezeptteilen des Buches finden Sie zahlreiche Ideen für Frühstücksvarianten, Snacks und Hauptgerichte.

Kohlenhydratreiches Frühstück

1 Scheibe Vollkornbrot (50 g) oder 1 Vollkornbrötchen oder 3 Scheiben Vollkornknäckebrot; diese dünn mit Butter bestreichen und mit Folgendem belegen bzw. bestreichen:
30 g Wurst (ca. 3 dünne Scheiben) oder 30 g Käse (ca. 1 Scheibe) oder 50 g Quark (ca. 2 EL)
Dazu in beliebiger Menge: Tomaten, Gurken, Paprikaschoten, Radieschen oder ein anderes Gemüse

◆ **Hinweis: Da es keine hundertprozentige Trennung der Nahrungsmittel gibt, können Sie das Brot mit 30 g Wurst oder Käse nach Wahl belegen. Weitere Ideen für Brotbelag finden Sie im Kombiplan und Rezeptteil.**

1 Müsli (siehe Rezeptteil)

◆ **Hinweis: Getreideflocken oder Müslis nicht mit fruchtsäurehaltigen Obstsorten kombinieren. Auch keine Milch verwenden, da diese in Verbindung**

mit Kohlenhydraten noch schwerer verdaulich wird. Harmonischer werden Müslis mit kohlenhydratreichen Obstsorten und mit gesäuerten Milchprodukten oder Sahne-Wasser-Gemisch (1/3 Sahne auf 2/3 Wasser) oder Reismilch.

Wenn Sie auf Ihren Kaffee oder schwarzen Tee nicht verzichten möchten, verfeinern Sie diesen mit etwas Sahne. Zum Süßen bietet sich Stevia flüssig, Fruchtzucker oder Agavendicksaft an. Wichtig: Kauen Sie jeden Bissen sorgfältig. Kaffee oder Tee ist kein Speichelersatz.

SNACKS

- 200 g frisches Obst der Saison
- Rohkost in beliebiger Menge
- 100 g Obst, dazu 1/8 l Milch
- 200 g gesäuerte Milchprodukte, wie z. B. Kefir, Buttermilch, Trinksauermilch, Joghurt

MITTAG- UND ABENDESSEN (HAUPTGERICHT)

Sie haben jeweils die Wahl zwischen einer überwiegend eiweißreichen oder kohlenhydratreichen Mahlzeit.

Eiweißreiches Hauptgericht

- 150–200 g Fleisch oder
- 150–200 g Fisch oder
- 2 Eier oder
- 60 g Käse oder
- 100 g gegarte Wurstsorten
  Essen Sie dazu 400 g Gemüse oder Salat.

Kohlenhydratreiches Hauptgericht

- 50 g Getreide (roh gewogen) oder
- 60 g Naturreis (roh gewogen) oder
- 80 g Vollkornnudeln (roh gewogen) oder
- 200 g Kartoffeln
  Essen Sie dazu 400 g Gemüse oder Salat.

Bedienen Sie sich zusätzlich des großen Kombiplans (Seite 74–77). Wählen Sie aus der Kombigruppe Teil 1 (sparsam) und aus der Kombigruppe Teil 2 (reichlich) aus, was Sie mögen.

- **Hinweis: Bei der Zusammenstellung der Hauptmahlzeiten gelten folgende Faustregeln:**
- **Bei einer Eiweißmahlzeit wählen Sie 1 Teil Fleisch, Fisch, Käse oder Eier, dazu 3 bis 4 Teile Gemüse oder Salate.**
- **Bei einer Kohlenhydratmahlzeit wählen Sie 1 Teil Kartoffeln, Naturreis, Getreide oder Nudeln, dazu 3 bis 4 Teile Gemüse oder Salate.**

iss. dich. schlank.

Die häufigsten Fragen zum iss.dich.schlank.-Programm

Wer stark erhöhte Blutfettwerte, Diabetes, Gicht oder Rheuma hat, sollte direkt mit der dritten Stufe, dem Endlosprogramm beginnen. Damit nimmt man schonend ab, gleichzeitig wird der Körper entgiftet und entsäuert.

- **Frage:** Habe ich richtig verstanden, dass das Endlosprogramm der Trennkost entspricht? Wenn ja, dann kann ich ja auch andere Trennkostrezepte verwenden. Oder muss ich hier auf etwas Besonderes achten?
- **Antwort:** Ja, natürlich können Sie auch andere Trennkostrezepte verwenden. Nur sollten Sie die Rezepte gut überprüfen, da es inzwischen sehr viele unterschiedliche Trennkost-Theorien gibt.

- **Frage:** Ich bin schwanger, möchte aber in dieser Zeit nicht übermäßig zunehmen. Kann ich mit der ersten Stufe beginnen?
- **Antwort:** Da man in der ersten Stufe wirklich sehr schnell und viel an Gewicht verliert, würde ich Ihnen davon abraten. Sie können aber ohne Bedenken mit dem Endlosprogramm beginnen. Auch hier bleibt der Blutzucker ausgeglichen. Sie nehmen schonend ab bzw. während der Schwangerschaft nur gering zu, da es zu keinen Wassereinlagerungen im Körper kommt. Auch später, wenn Sie stillen, können Sie sich weiter mit dem Endlosprogramm ernähren. Achten Sie dann lediglich darauf, möglichst wenig Zitrusfrüchte und auch keinen blähenden Kohl zu essen.

- **Frage:** Mein zwölfjähriger Sohn ist ein Fan von süßen Sachen und leidet dadurch schon jetzt unter starkem Übergewicht. Kann ich ihm eine Woche lang eine kohlenhydratarme Ernährung zumuten?
- **Antwort:** Um Ihren Sohn vom süßen Heißhunger zu befreien, würde ich ihn drei Tage kohlenhydratarm ernähren, dann sofort in das Endlosprogramm übergehen. Da Sie die Essgewohnheiten Ihres Kindes am besten kennen, sollten Sie einen auf ihn abgestimmten Wochenplan erstellen, den Sie ruhig mit ein paar Abweichungen immer wiederholen können.

- **Frage:** Ich mag keinen Fisch. Kann ich diesen in den Rezepten auch durch andere Produkte wie Fleisch, Eier oder Quark ersetzen?
- **Antwort:** Ja, natürlich. Passen Sie aber in der ersten und zweiten Stufe beim Quark auf: 100 Gramm haben 4 Gramm Kohlenhydrate.

- **Frage:** Seit drei Jahren bin ich Vegetarierin und habe in dieser Zeit leider acht Kilogramm zugenommen. Wenn ich jetzt mit dem Endlosprogramm beginne, dann nehme ich täglich ja sehr viele Kohlenhydrate zu mir. Nehme ich dann trotzdem ab?

- **Antwort:** Das Endlosprogramm ist genauso wie die Trennkost auf drei Punkte ausgerichtet: 1. Die harmonische Kombination der Speisen, indem stark eiweißhaltige Speisen nicht mit stark kohlenhydrathaltigen Speisen zusammen gegessen werden sollten. 2. Die Vollwertigkeit der Nahrung. 3. Die Einhaltung des Säure-Basen-Gleichgewichts. Wenn Sie diese Punkte beachten, dann können Sie Kartoffeln, Reis, Nudeln oder Brot essen, dazu jede Menge Gemüse, Salate und Rohkost. Aufgrund des darin enthaltenen Kaliums und der Ballaststoffe nehmen Sie schonend ab. Gleichzeitig kommen Sie auch nicht in den Bereich des Unter- oder Überzuckers.

- **Frage:** Ich habe mit der Trennkost schon 25 Kilogramm abgenommen und mein Traumgewicht erreicht. Nun habe ich mir Ihr Basis-Buch »iss.dich.schlank.« gekauft, gleichzeitig auch eine GLYX-Tabelle und ein anderes Buch über die GLYX-Diät. Nun bin ich voller Zweifel, da meine ganzen Favoriten wie Roggenbrot, Salzkartoffeln, gekochte Möhren, Wassermelone, Puffreis und Bananen einen hohen glykämischen Wert besitzen und anscheinend verboten sind. Da ich nicht wieder zunehmen will, weiß ich nicht, wie ich mich verhalten soll? Muss ich nun dauerhaft alle Kohlenhydrate in meiner täglichen Ernährung zählen? Ist es besser auf meine Lieblingsspeisen zu verzichten?
- **Antwort:** Nein, natürlich nicht. Bei der iss.dich.schlank.-Methode wird lediglich in den ersten beiden Stufen durch Einschränkung der Kohlenhydrate der Süßhunger heruntergefahren und somit das Appetitempfinden verändert. Dadurch kommt es zu einem beachtlichen Gewichtsverlust und dies motiviert zum Weitermachen. Die dritte Stufe, das Endlosprogramm, entspricht der bewährten Trennkost, welche die Eiweiße von den Kohlenhydraten trennt, auf den Säure-Basen-Haushalt und auf vollwertige Nahrung achtet. Diese einfachen Regeln bewirken einen ausgeglichenen Blutzuckerspiegel und eine geringe Insulinausschüttung der Bauchspeicheldrüse. So brauchen Sie auf Ihre Lieblingsspeisen nicht verzichten.

- **Frage:** Wenn ich keine Kohlenhydrate esse, bekomme ich immer Verstopfung. Was kann ich dagegen tun?
- **Antwort:** Essen Sie morgens und abends je 1 Esslöffel gelben Leinsamen und trinken Sie reichlich Tee oder Wasser dazu, damit er im Darm quellen kann. So kommt Ihr Darm auf Trab, und mit der Zeit normalisiert sich der Stuhlgang.

»Liebe Leserin, lieber Leser, wenn Sie zu meinem iss.dich.schlank.-Programm Fragen haben, rufen Sie mich an oder mailen mir einfach – die Adresse finden Sie auf Seite 156.«

Kochen für die ganze Familie

Ich habe bewusst alle Rezepte nur für eine Person erstellt, um Ihnen eine persönliche Abnehmhilfe zu bieten. Möchte ein weiteres Familienmitglied mit Ihnen gemeinsam abnehmen, dann müssen Sie natürlich die Zubereitungsmengen verdoppeln.

Sollten andere Familienmitglieder, beispielweise Ihr Partner oder Ihre Kinder, sich nicht nach dieser Methode ernähren wollen, sondern weiterhin die übliche Mischkost bevorzugen, dann gibt es auch dafür eine unkomplizierte Lösung: Ergänzen Sie in allen drei Stufen eine Eiweißmahlzeit einfach mit Kartoffeln, Reis, Nudeln oder Getreide. Umgekehrt können Sie in der dritten Stufe zu einer Kohlehydratmahlzeit zusätzlich Fleisch, Fisch, Käse oder Eier servieren. In der Praxis könnte dies folgendermaßen aussehen:
Putengeschnetzeltes in Curry-Sahne servieren Sie beispielsweise mit Reis, zum Balkanspieß oder Bratfisch mit Gurkendip passen Kartoffeln oder Brot. Das Kartoffel-Käse-Gratin ergänzen Sie mit Schinken, zu den Nudeln mit buntem Gemüse gibt es ein Stück gebratenes Fleisch.
Ich persönlich erleichtere mir das Kochen, indem ich oftmals Speisen in doppelter Menge zubereite. So werden aus Pellkartoffeln am nächsten Tag Bratkartoffeln oder ein Kartoffelgratin. Gemüse können Sie als Salat oder Beilage servieren, es passt aber auch zum Eintopf. Auch Rohkost oder verschiedene Salate müssen nicht immer aufwendig geraspelt und mit Salatsauce gemischt werden. Man kann Paprikaschoten, Möhren, Tomaten, Kohlrabi usw. gut roh aus der Hand essen.

Wenn Sie das Prinzip der Kombinationsmöglichkeiten erst einmal intus haben, müssen Sie auch im Restaurant, bei Feierlichkeiten oder im Urlaub nicht auf gesunde Ernährung verzichten. Sie werden sehen, dass auch die »herkömmliche Küche« an das Programm angepasst werden kann, beispielsweise durch das Weglassen von Beilagen.

Ihr persönliches Kochbuch

Variieren Sie die Rezepte, probieren Sie aus, wandeln Sie ab. Eine zusätzliche Arbeitserleichterung ist es, wenn Sie sich ein kleines Kochheft anlegen, um darin die Rezepte festzuhalten, die Ihnen und Ihrer Familie schmecken. Auf diese Weise werden Sie schon nach kurzer Zeit eine individuelle Rezeptsammlung haben, die Ihnen die Antwort auf die tägliche Frage »Was koche ich heute?« erleichtert.

Gute Planung ist wichtig

Für Berufstätige und alle mit unregelmäßigen Essenszeiten ist eine gute Planung äußerst wichtig. Im Rezeptteil finden Sie zahlreiche Anregungen, welche Gerichte sich gut zum Mitnehmen eignen und was Sie beim Transport beachten müssen. Auch Snacks wie gekochte Eier, Hüttenkäse, Quarkspeisen, Frikadellen, Cornedbeef, Roastbeef oder ein Stück Käse helfen über den kleinen Hunger hinweg. Ebenso sind Obst und Gemüse wie Äpfel, Birnen, Orangen, Paprika, Salatgurke, Tomaten usw. problemlos mitzunehmen.

iss. dich. schlank.

Tipps für jeden Tag

Trinken, trinken, trinken: Gleich nach dem Aufstehen trinken Sie ein Glas heißes abgekochtes Wasser. Dieses regt die Verdauung und den Stoffwechsel an.

Ruhe beim Essen: Zeitung lesen oder Fernsehen während dem Essen lässt Ihre Wahrnehmung verkümmern. Sie merken nicht richtig, wie es schmeckt, und erkennen nicht, wann Sie genug haben.

Kleine Vorspeise sättigt: Eine Suppe oder Salat vor dem Hauptgericht in Ruhe gegessen, stoppt übermäßigen Hunger.

Den Hunger testen: Hunger und Durst fühlen sich ähnlich an. Darum trinken Sie erst mal ein Glas Wasser, wenn Sie glauben Hunger zu haben, und testen damit aus, ob Sie vielleicht nur durstig waren.

Gefährlich – Süßigkeiten ohne Fett: Auch wenn beispielsweise Gummibärchen kein Fett enthalten, erhöhen sie trotzdem den Insulinspiegel. Das kurbelt nicht nur die Fettspeicherung an, sondern führt auch zu Hungergefühlen.

Easy Gym: Halten Sie sich mit kleinen versteckten Muskelübungen fit. Beim Zähneputzen, in der Warteschlange, auf dem Bürostuhl – überall gibt es Gelegenheiten Muskeln am Po, Oberschenkel und Bauch anzuspannen, dann wieder zu lockern.

Der große iss.dich.schlank.-Einkaufsplaner

Auf den folgenden Seiten finden Sie alle Rezepte aus diesem Buch mit den entsprechenden Zutaten aufgelistet. Sie können sich die Seiten kopieren und immer in Ihrer Handtasche dabei haben. Wenn Sie dann unterwegs noch Zutaten für ein bestimmtes Rezept einkaufen müssen, finden Sie sofort die richtigen Mengenangaben in der Liste. Kochen ohne lästiges Planen vorab!

Tipps für den Vorrat

Folgende Lebensmittel sollten Sie als Vorrat immer im Haus haben – Sie sind bei den Rezepten unten nicht extra aufgeführt:
Zwiebeln, Knoblauch, Olivenöl, Sonnenblumenöl, Butter, vegetarische Brühe, Balsamessig, Obstessig, Zitronensaft, Mineralwasser, Agavendicksaft, Honig sowie verschiedene Gewürze (Pfeffer, Curry, Kümmel, Rosmarin, Thymian, Oregano, Chilipulver, Paprikapulver, Lorbeerblätter, Muskatnuss usw.) und Würzzutaten (Senf, Meersalz, Kräutersalz).

- Die Mengen sind jeweils für 1 Person gerechnet – soweit nicht anders angegeben.
- Die Rezepte sind nach ihrer Seitenzahl im Buch sortiert.

Einkaufsliste für die iss.dich.schlank.-Startwoche

◆ **Seite 25**
Gurkentatar mit Mozzarella
100 g Gurke • 1 kleiner Zweig Dill
125 g Mozzarella

◆ **Seite 25**
Radieschen-Käse-Snack
100 g Radieschen
10 Stängel Schnittlauch
60 g Käse (z. B. Tilsiter)
150 g körniger Frischkäse

◆ **Seite 26**
Omelett-Pilz-Salat
100 g frische Pilze (z. B. Pfifferlinge oder Champignons)
30 g Rinderschinken
2 Eier • 1 EL Schnittlauchröllchen

◆ **Seite 26**
Scharfe Pilz-Frittata
100 g Austernpilze
1/2 kleine Chilischote • 2 große Eier

◆ **Seite 27**
Zucchini-Schinken-Spieker
100 g Zucchini
10 kleine Scheiben rohen Rinder- oder Lammschinken

◆ **Seite 27**
Hessischer Wurstsalat
150 g Geflügelfleischwurst
100 g Gewürzgurken
1 Zweig Petersilie

◆ **Seite 28**
Griechische Käsehackbällchen
150 g Rinderhackfleisch
60 g Schafskäse (z. B. Feta)

◆ **Seite 29**
Putenbrustsalat mit Curry
10 Stängel Schnittlauch
4 Radieschen • 50 g Joghurt
1 EL Cremè fraîche
100 g geräucherte Putenbrust

◆ **Seite 29**
Wurst-Carpaccio mit Knoblauch-Chili-Vinaigrette
1 Zweig Petersilie
1/2 kleine Chilischote
100 g dünn geschnittene Wurst (z. B. geräucherte Putenbrust)

◆ **Seite 30**
Käsesalat mit scharfen Olivendressing
50 g Radieschen, etwa 5 Stück
1 kleine Gewürzgurke • 100 g Käse (z. B. Appenzeller, Edamer oder Gouda) • 5 grüne Oliven ohne Stein
1 TL gehackte Petersilie

◆ **Seite 30**
Mozzarellasalat mit Basilikumsauce
30 g Feldsalat • 125 g Mozzarella
1 Zweig Basilikum
1 EL geriebener Parmesan

◆ **Seite 31**
Marinierter Camembert auf Endiviensalat
150 g Endiviensalat
2 EL Sahne
100 g Camembert

◆ **Seite 31**
Salami-Käse-Häppchen
50 g Rindersalami
50 g Käse am Stück (z. B. Butterkäse, Harvarti)
5 grüne Oliven ohne Stein

◆ **Seite 33**
Schafskäse im Leinsamenmantel
250 g grüner Salat
10 Stängel Schnittlauch
1 Ei
125 g Schafskäse (z. B. Feta)
3 TL heller Leinsamen

◆ **Seite 33**
Käse-Spargel-Tortilla mit Blattsalat
150 g Spargel
30 g Schinken (z. B. rohen Rinder- oder Lammschinken)
2 große Eier
2 EL geriebener Käse (z. B. Greyerzer, Gouda, Emmentaler)
200 g Kopfsalat
1 EL Schnittlauchröllchen

◆ **Seite 34**
Salami-Sauerkraut mit Würstchen
20 g Rindersalami
300 g Sauerkraut
3 Wacholderbeeren
2 Geflügelbrühwürstchen

◆ **Seite 34**
Überbackene Champignons
6 große Champignons
100 g geräucherte Putenbrust
300 g Sauerkraut
3 EL Sahne
Käse (z. B. Greyerzer, Gouda, Mozzarella)

◆ **Seite 35**
Pfeffersteak in Pilzrahm
250 g gemischte Pilze (z. B. Austernpilze, Champignons, Egerlinge)
180 g Rindersteak
1 EL eingelegte grüne Pfefferkörner
3 EL Sahne

◆ **Seite 35**
Italienischer Endivienauflauf
300 g Endiviensalat • 150 g Rinderhackfleisch • 1 TL Sambal oelek
50 g Cremè fraîche • 50 g Scheibenkäse (z. B. Butterkäse, Greyerzer)

◆ **Seite 36**
Würziges Rosmarinhähnchen
150 g Tomaten
1 kleines Brathähnchen
1 kleiner Rosmarinzweig

◆ **Seite 37**
Hähnchenbrust in Pfeffersauce mit Salat
180 g Hähnchenbrustfilet • 40 g Sahne • 1 TL grüne Pfefferkörner
30 g Feldsalat • 200 g grüner Salat

◆ **Seite 37**
Putengeschnetzeltes in Curry-Sahne
300 g Endiviensalat
100 g Champignons
180 g Putenbrust • 40 g Sahne

◆ **Seite 38**
Gemischter Räucherfischsalat
200 g Kopfsalat
4 Champignons
5 Radieschen (50 g)
50 g Mungobohnensprossen
1 EL Joghurt
1/2 geräucherte Makrele
1 kleine Schillerlocke
1 EL gehackte Petersilie

◆ **Seite 38**
Schwertfisch-Zucchini-Salat mit Feta
200 g Schwertfischsteak
200 g Zucchini
50 g Schafskäse (z. B. Feta)

◆ **Seite 39**
Würzfisch mit Sprossengemüse
1 TL Sambal oelek
200 g Fischfilet (z. B. Seelachs oder Rotbarsch)
200 g Pilze (z. B. Austernpilze, Braunkappen oder Champignons
80 g Mungobohnensprossen
1 EL saure Sahne

◆ **Seite 41**
Lachstaler auf Blattspinat
200 g Lachsfilet
1 kleines Ei
25 g Sahne
300 g Spinat
1 EL saure Sahne

◆ **Seite 41**
Krabben-Eier-Salat auf Endivien
1 großes Ei
250 g Endiviensalat
100 g gekochte Krabben
30 g Mungobohnensprossen
1 EL Joghurt
1 kleiner Zweig Dill

◆ **Seite 42**
Chicorée-Schiffchen mit Forellensalat
1 kleiner Chicorée (100 g)
2 geräucherte Forellenfilets
50 g Cremè fraîche
1 EL Schnittlauchröllchen

◆ **Seite 42**
Lachsröllchen
50 g Salatgurke
1 Zweig Dill
3 TL Meerrettich
3 EL Cremè fraîche
6 Scheiben geräucherter Lachs

◆ **Seite 43**
Fischsalat mit Sardellensauce
3 Wacholderbeeren
1 Lorbeerblatt
200 g Fischfilet (z. B. Kabeljau oder Rotbarsch)
60 g Feldsalat
100 g Radieschen
4 Sardellenfilets
1 kleine Gewürzgurke
1 TL abgeriebene Zitronenschale (unbehandelt!)

◆ **Seite 43**
Matjeshappen
1 Minigurke (100 g)
2 Matjesfilets
8 TL Frischkäse

Einkaufsliste für die iss.dich.schlank.-Schlemmerwoche

◆ **Seite 51**
Apfelwürfel mit Ziegenfrischkäse
1 säuerlicher Apfel (150 g)
1 TL Zitronensaft
75 g Ziegenfrischkäse (z. B. von der Rolle)
4 Walnusshälften

◆ **Seite 51**
Spargelsalat mit grüner Sauce
250 g grüner Spargel
40 g roher Schinken (z. B. Rinder- oder Lammschinken)
1 kleines Bund gemischter Kräuter (z. B. Basilikum, Minze, Petersilie)
1 TL Zitronensaft

◆ **Seite 52**
Joghurt mit Sonnenblumenkeimen
1 EL Sonnenblumenkerne
125 g Joghurt • 1 TL Zitronensaft

◆ **Seite 52**
Frischkäsetatar
3 Radieschen (50 g)
1 kleine Gewürzgurke
1 kleiner Zweig Dill
100 g körniger Frischkäse

Einkaufsliste für die iss.dich.schlank.-Schlemmerwoche

◆ **Seite 53**
Roastbeeftütchen mit Sprossenquark
40 g Mungobohnensprossen
3 kleine Blätter Kopfsalat
3 EL Quark (20% Fett i.Tr.)
1 TL Meerrettich
3 Roastbeefscheiben
1 Zweig Petersilie

◆ **Seite 53**
Tomaten-Rucola-Salat mit Mozzarella
150 g Tomaten • 10 Blätter Rucola
60 g Mozzarella
5 Oliven ohne Stein

◆ **Seite 54**
Bruschetta
1 Tomate • 6 Blätter Basilikum
1 Scheibe Vollkornbrot (100 g)

◆ **Seite 55**
Ricotta mit Pesto auf Blattsalat
50 g Basilikum • 1 EL Pinienkerne
1 TL geriebener Parmesan
1 kleiner Radicchio • 100 g Ricotta

◆ **Seite 55**
Gurkenstifte mit Tzatziki
200 g Salatgurke • 1 EL Cremè fraîche • 100 g Joghurt
1 kleiner Zweig Dill

◆ **Seite 56**
Lachs-Carpaccio
80 g gebeizter Lachs • 1 Tomate
1 TL Kapern aus dem Glas
1 Zweig Dill • 1 TL Zitronensaft

◆ **Seite 56**
Spanischer Thunfischsalat
1 TL Kapern
5 schwarze Oliven ohne Stein
1 Tomate
100 g Thunfisch aus der Dose, naturell
1 EL Mayonnaise ohne Zucker
100 g Joghurt
1 Kopfsalatherz

◆ **Seite 57**
Gefüllte Eier
100 g Endiviensalat • 2 Eier
50 g saure Sahne
1 kleine Gewürzgurke
1 TL Kapern • 1 Matjesfilet
1 EL Schnittlauchröllchen

◆ **Seite 57**
Ei in Ananas-Curry-Sauce
3 Kopfsalatblätter • 2 Eier
1 kleines Stück Ingwer (haselnussgroß) • 1 kleine Scheibe frische Ananas (50 g) • 60 g Joghurt
1 EL saure Sahne
1 Msp. Kardamom

◆ **Seite 59**
Überbackenes Tomaten-Käse-Schnitzel
1 dicke Fleischtomate (250 g)
60 g Mozzarella
1 Zweig Basilikum
1 Hähnchenschnitzel (150 g)
1 TL getrockneter Thymian

◆ **Seite 59**
Scharfe Bohnensuppe mit Debrecziner
200 g grüne Bohnen
150 g Tomaten
1 EL Tomatenmark
1 TL Sambal oelek
2 Debrecziner

◆ **Seite 60**
Spitzkohlröllchen in Tomatensauce und Salat
2 reife Tomaten
1 kleiner Spitzkohl (400 g, ersatzweise Weißkohl)
150 g Rinderhackfleisch
1 kleines Ei • 1 TL Tomatenmark
1 EL Sahne

◆ **Seite 60**
Balkanspieß
1 kleine grüne Paprikaschote
160 g Steakfleisch (z. B. Rind oder Lamm)
1 Fleischtomate (200 g)

◆ **Seite 61**
Omelett mit Pilzragout und Salat
2 Zweige Petersilie
150 g gemischte Pilze (z. B. Pfifferlinge, Champignons, Austernpilze)
2 große Eier • 1 EL Sahne
1 EL geriebener Parmesan
1 kleiner Kopfsalat

◆ **Seite 61**
Dänischer Eiersalat
2 Eier
2 Scheiben geräucherter Lachs
1 kleine Gewürzgurke
1/2 grüne Paprikaschote
30 g geschälte, gegarte Krabben
125 g Joghurt • 1 Eichblattsalat
1 EL gehackte Petersilie

◆ **Seite 62**
Fruchtige Garnelen aus dem Wok
100 g frische Ananas
1 Zucchini (250 g)
125 g geschälte, gegarte Garnelen
1/2 kleine Chilischote
1 kleines Stück Ingwer (haselnussgroß)
1/2 Orange • 1 Msp. Vanillepulver
1 EL Zitronensaft
1 EL gehackte Petersilie

◆ **Seite 63**
Kokosfisch mit Gurkendip
200 g Fisch (z. B. Schollenfilet, Rotbarsch oder Seezunge)
1 kleines Ei • 2 EL Kokosflocken
200 g Schlangengurke
1/2 kleines Bund Dill
1 EL Cremè fraîche • 125 g Joghurt

◆ **Seite 63**
Folienkartoffel mit Kräutersauce und Salat
1 große Kartoffel (200 g)
1 kleines Bund gemischte Kräuter (z. B. Dill, Petersilie, Kerbel, Sauerampfer)
1 EL Cremè fraîche
125 g Joghurt
1 Kopfsalatherz

◆ **Seite 64**
Blumenkohlgratin
1/2 kleiner Blumenkohl (250 g)
50 ml Milch
1 grüne Paprikaschote
1 kleines Stück Ingwer (haselnussgroß) • 60 g Mozzarella

◆ **Seite 64**
Partysalat mit Schafskäse
1/2 kleiner Blumenkohl (250 g)
50 ml Milch • 1 Minigurke (100 g)
1 Fleischtomate (150 g)
50 g Joghurt • 1 EL Sahne
80 g Ziegenkäse

◆ **Seite 65**
Schweizer Sommersalat
100 g Rettich • 200 g Eisbergsalat
1 Tomate • 2 Zweige Petersilie
1 Zweig frischer Thymian
3 EL Sahne • 80 g Appenzeller

◆ **Seite 65**
Bunter Gemüsesalat mit Käseomelett
250 g grüne Bohnen
1 Stängel Bohnenkraut
50 g Blumenkohlröschen
5 Kirschtomaten (100 g)
30 g Feldsalat
1 kleines Bund Kräuter
1 EL Cremè fraîche
40 g Camembert
2 große Eier

◆ **Seite 66**
Quark-Zitronen-Creme
5 Blättchen Zitronenmelisse
1 kleine Zitrone (unbehandelt)
125 g Sahnequark

◆ **Seite 67**
Melonen-Ingwer-Sorbet
1 kleine Netzmelone • 1 EL Zitronensaft • 1 kleines Stück Ingwer (haselnussgroß) • 6 Minzeblättchen

◆ **Seite 67**
Apfelkompott mit Mandelblättchen
1 EL Mandelblättchen
1–2 Äpfel (200 g)

Einkaufsliste für das iss.dich.schlank.-Endlosprogramm

◆ **Seite 81**
Birnensalat mit Hüttenkäse
1 EL Rosinen • 1 Birne
100 g Hüttenkäse (körniger Frischkäse)

◆ **Seite 81**
Obstsalat mit Mandarinen-Joghurt-Sauce
5 Litschis • 1 Kiwi • 1 Mandarinen
100 g Joghurt • 1 Stück Ingwer (haselnussgroß) • 2 Minzeblättchen

◆ **Seite 82**
Dinkel-Bananen-Müsli
40 g Dinkelkörner
1 EL Mandelblättchen
1 kleine Banane • 150 g Joghurt

◆ **Seite 82**
Joghurt-Pflaumen-Müsli
4 getrocknete Pflaumen
125 g Joghurt • 3 EL Haferflocken
1 EL Sonnenblumenkerne

◆ **Seite 83**
Gefülltes Schinkenbrötchen
1 Vollkornbrötchen
1 EL Sonnenblumenkerne
2 Salatblätter
30 g roher Schinken (z. B. Rinder- oder Lammschinken)
4 Radieschen
2 EL Quark (20% Fett i.Tr.)

◆ **Seite 83**
Saftiges Käse-Apfel-Brot
1 mürber Apfel
30 g reifer Camembert
1 EL Quark (20 % Fett)
1 Scheibe Vollkornbrot
1 EL grob gehackte Walnüsse

◆ **Seite 84**
Pikante Käsestangen
250 g feines Dinkelvollkornmehl
100 g geriebener Greyerzer
100 g Joghurt
1 kleines Eigelb
2 EL Kümmel oder Sesam

◆ **Seite 84**
Kräuterbrot
1 Bund Kräuter (z. B. Petersilie, Fenchelkraut, Schnittlauch, Salbei)
275 g feines Weizenvollkornmehl
275 g feines Roggenvollkornmehl
1 Würfel Hefe • 100 g Buttermilch
150 g flüssiger Sauerteig (Fertigprodukt aus dem Reformhaus)
1 EL ganzer schwarzer Pfeffer

◆ **Seite 85**
Minibrötchen mit zweierlei Frischkäsecremes
50 g fein gemahlene Hirse
90 g feines Weizenvollkornmehl
5 Zweige Petersilie
125 g Quark (20 % Fett i.Tr.)
2 Eigelb
Sesam-, Mohn- oder Kümmelsamen

◆ **Lachscreme**
100 g geräucherter Lachs
1 Bund Dill • 100 g Frischkäse
1–2 TL Meerrettich aus dem Glas

◆ **Käsecreme**
5 Radieschen • 80 g reifer Camembert • 100 g Frischkäse

◆ **Seite 86**
Orangen-Fenchel-Salat mit Ingwer
1 Fenchelknolle
1 kleines Stück Ingwer (haselnussgroß)
2 kleine Orangen • 1 EL Rosinen
1 Msp. Zimt • 125 g Joghurt

◆ **Seite 87**
Eisbergsalat mit Kräuter-Vinaigrette
1 Eisbergsalat • 1 kleine Zwiebel
1 kleines Bund Kräuter (Zitronenmelisse, glatte Petersilie, Schnittlauch)

◆ **Seite 87**
Feldsalat mit gebratenen Champignons
100 g Champignons
50 g Feldsalat • 6 Kirschtomaten
3 Zweige Petersilie • 6 Oliven

◆ **Seite 88**
Rohkostplatte mit Joghurt-Dressing
1 große Möhre • 1 kleiner Rettich
1 Stück Salatgurke • 1 Tomate
2 EL Joghurt
2 EL gehackte Petersilie

◆ **Seite 88**
Grüner Gemüsesalat
100 g grüne Bohnen
1 Stängel Bohnenkraut
1 Stück Salatgurke
1 grüne Paprikaschote
30 g Feldsalat • 1 EL Sojacreme
2 EL gehackte glatte Petersilie
1 EL Pinienkerne

◆ **Seite 89**
Italienischer Zucchinisalat
50 g Maiskörner (TK)
1 Zucchini • 2 Tomaten
2 EL gehackte Petersilie

◆ **Seite 89**
Eichblattsalat mit Radieschen-Dressing
1 kleiner Kopf Eichblattsalat
4 Kirschtomaten
60 g Mungobohnensprossen
4 Radieschen • 60 g Joghurt
2 EL gehackte Petersilie

◆ **Seite 91**
Ingwer-Möhren-Suppe mit Sahnehäubchen
150 g Möhren
1 kleines Stück Ingwer (haselnussgroß)
1 TL Curry • 1/2 TL Zimt
1/2 TL Kardamom • 1 TL Sahne
einige Stängel glatte Petersilie

◆ **Seite 91**
Feine Kräuter-Zwiebel-Suppe
2 Frühlingszwiebeln
1 kleines Bund Kräuter (Schnittlauch, Petersilie, Majoran)
2 EL Sahne

◆ **Seite 92**
Scharfe Thai-Suppe mit Tofu
80 g Tofu • 1 Stange Lauch
1 rote Paprikaschote
75 g Austernpilze
1/2 TL rote Currypaste
1 Msp. Sambal oelek
1 EL dunkle Sojasauce
frisches Koriandergrün

◆ **Seite 92**
Asiatische Fischsuppe mit Kokos
2 reife Tomaten • 2 kleine Schalotten • 2 große Karotten
100 g Zuckerschoten
180 g Fischfilet
1 Briefchen Safranfäden
75 ml Kokosmilch
1 TL gelbe Currypaste
5 rohe Garnelen ohne Schale
1 TL saure Sahne
2 EL Sojasprossen

◆ **Seite 93**
Reiseintopf mit Curry-Sahne
60 g Vollkorn-Rundreis
1 kleine Stange Lauch
2 Möhren • 50 g Erbsen TK
1 EL frisch gehackter Liebstöckel
1/2 Bund Petersilie
1 EL saure Sahne

◆ **Seite 93**
Feine Majoran-Kartoffel-Suppe
200 g mehlig kochende Kartoffeln
4 Zweige Petersilie
1 Zweig frischer Majoran
1 Pärchen Debrecziner
2 EL Sahne

◆ **Seite 94**
Bunter Brotsalat mit Parmesan-Dressing
1 Scheibe Vollkornbrot
1/2 kleiner Eisbergsalat
1/2 kleines Bund Rucola
6 Radieschen
1 gelbe Paprikaschote
1 Tomate • 7 Oliven
3 Zweige Petersilie
1 EL geriebener Parmesan

Einkaufsliste für das iss.dich.schlank.-Endlosprogramm

Seite 95
Gurke mit Lachstatar
1/2 Bund Dill • 1 kleine Salatgurke
150 g geräucherter Lachs
1 frisches Eigelb
2 EL Crème fraîche

Seite 95
Blumenkohl mit Krabbensalat
1 kleiner Blumenkohl • 1 EL Sahne
1 Ei • 2–3 Blätter Kopfsalat
125 g gegarte Krabben
125 g Joghurt • 1 EL Crème fraîche
1 EL Ketchup

Seite 96
Salat mit Roastbeefstreifen
100 g gegartes Roastbeef
2 kleine Tomaten
1 Stück Salatgurke • 6 Radieschen
1/2 kleiner Eisbergsalat
1/2 kleines Bund Schnittlauch
80 g Joghurt • 1 EL Crème fraîche

Seite 96
Dinkel-Käse-Salat
40 g Dinkelkörner • 1 Apfel
1 Stück Salatgurke
1 rote Paprikaschote
1 kleine Selleriestange
60 g Allgäuer Emmentaler
2 EL Mais TK • 2 EL Crème fraîche
1/2 Bund glatte Petersilie

Seite 97
Sellerieschnitzel mit Tomaten
4 Tomaten
1/2 kleiner Knollensellerie
2 Scheiben Rinderschinken
2 Scheiben Gouda
1/2 Bund glatte Petersilie

Seite 97
Geflügelsalat mit Joghurt
1 große Möhre
150 g Knollensellerie
150 g Hähnchenbrustfilet
1 Apfel • 100 g Joghurt
1 EL Ketchup
1 EL gehackte Walnüssen
1 Chicorèe

Seite 99
Gemüseauflauf mit Schinken
1 Zucchini • 100 g Champignons
40 g Rinderschinken
1 kleines Bund Schnittlauch
2 große Eier

Seite 99
Eier-Garnelen-Cocktail auf Blattsalat
2 kleine Eier • 100 g gegarte geschälte Garnelen • 1 Kopfsalat
100 g Joghurt • 1 TL Mayonnaise
2 Zweige Petersilie

Seite 100
Paprika-Käse-Frittata
60 g Mozzarella
1 grüne Paprikaschote
2 große Eier • 1 Fleischtomate
5 schwarze Oliven

Seite 100
Knackiger Salat mit Eier-Kräuter-Sauce
2 Eier • 1/2 Eisbergsalat
30 g Feldsalat
1 rote Paprikaschote
je einige Zweige Petersilie, Pimpernelle, Kerbel, Schnittlauch, Sauerampfer, Dill
125 g Joghurt • 2 EL saure Sahne
1 TL Mayonnaise • 2 Sardellenfilets

Seite 101
Currykohl mit Bratwurst
1 kleine Zwiebel
1 kleine gelbe Paprikaschote
250 g Weißkohl
2 Geflügelbratwürste
1 TL gelbe Currypaste

Seite 101
Scharfe Hackbällchen auf Asia-Gemüse
1 rote und 1 gelbe Paprikaschote
40 g Sojabohnensprossen
1 Limette • 1 kleine Möhre
2 Zweige Petersilie
150 g Rinderhackfleisch
1/2 Sambal oelek
2 EL helle Sojasauce

Seite 102
Putenkeule mit Möhren-Apfel-Gemüse
1 kleine Putenunterkeule
1 TL Honig • 300 g Möhren
1 säuerlicher Apfel

Seite 103
Pikantes Puten-Saltimbocca mit Blattsalat
1 kleiner Kopf Friseèsalat
1 kleiner Radicchio • 20 g Feldsalat
5 Kirschtomaten • 1 Bund Petersilie
2 Putenschnitzel (à 75 g)
1 TL gelbe Currypaste
2 Scheiben Rinderschinken
80 ml Kokosmilch

Seite 103
Serbischer Hackfleischtopf
300 g grüne Bohnen • 2 Tomaten
150 g Rinderhackfleisch
2 EL Tomatenmark
1 TL Sambal oelek
3 EL Rotwein • 1 EL saure Sahne

Seite 104
Hähnchenmedaillons mit zartem Mandelgemüse
150 g Brokkoli
1/2 Kopf Blumenkohl
40 g Erbsen TK
50 g Pariser Möhren TK
150 g Hähnchenbrust
30 g Rinderschinken (in Scheiben)
2 EL Mandelblättchen

Seite 104
Hähnchencurry mit Ananas-Lauch-Gemüse
150 g Hähnchenbrust
2 Frühlingszwiebeln
80 g Champignons • 3 EL Sahne
1 dicke frische Ananasscheibe
350 g Lauch • 1 EL Crème fraîche

Seite 105
Lammtöpfchen mit Paprika
200 g Lammfleisch aus der Keule
1 EL Tomatenmark • 3 Tomaten
3 Frühlingszwiebeln
2 Paprikaschoten

Seite 105
Rinderroulade mit Wirsing
1 Gemüsezwiebel • 1 Gewürzgurke
1 Rinderroulade
2 Scheiben Rinderschinken
1 EL Kokosfett • 50 ml Rotwein
400 g Wirsing • 2 EL Sahne
2 EL Crème fraîche

Seite 107
Schinken-Fleisch-Spieße auf Gemüsesalat
1 kleine Aubergine
1 kleiner Zucchini
1 rote Paprikaschote
150 g Fleisch (Lammfilet, Kalbsschnitzel oder Hähnchenbrust)
30 g Rinderschinken

Seite 108
Schwertfischsteak mit Zucchini-Carpaccio
300 g Zucchini
1 Schwertfischsteak (200 g)

Seite 108
Grillfisch mit Sauce Tatare und Gurkensalat
1 Ei • 2 Zweige Petersilie
1 Gewürzgurke • 1 EL Kapern
60 g Joghurt • 2 EL saure Sahne
1 Salatgurke • 1/2 kleines Bund Dill
200 g Seelachsfilet

Seite 109
Gebeizter Orangen-Lachs mit Meerrettichsahne
1 Orange (unbehandelt)
1–2 TL gestoßene Pimentkörner
1 kg Lachsfilet (2 gleich große Stücke mit Haut)
250 g Sahne • 8 TL Meerrettich

Seite 109
Sahne-Garnelen in feinem Gemüse
12 rohe Garnelen
1 kleine Stange Lauch • 1 Möhre
1 Fenchelknolle • 3 EL Sahne

◆ **Seite 110**
Viktoriabarschfilet mit Kräuterkruste und Grilltomaten
1 EL Kapern
3 EL fein gehackte Kräuter (z. B. Petersilie, Zitronenmelisse, Thymian)
1 EL fein gemahlene Mandeln
1 TL Pinienkerne • 2 Fleischtomaten
200 g Viktoriabarschfilet
1 EL geriebener Käse (z. B. Gouda, Emmentaler oder Greyerzer)

◆ **Seite 111**
Lachsfilet in Folie mit Gemüsespießchen
1 EL Mandelblättchen
1 Zitrone (unbehandelt)
200 g Lachsfilet
200 g Blumenkohl • 200 g Brokkoli
1 EL Kräuterbutter

◆ **Seite 111**
Schollenfilet in Orangen-Sahne
1 Schollenfilet (200 g) • 50 g Sahne
60 ml Orangensaft

◆ **Seite 112**
Ofenkartoffel mit Matjesstipp
1 kleiner mürber Apfel
2 Matjesfilets • 75 g Joghurt
2 EL saure Sahne
2 Wacholderbeeren
1 dicke gekochte Pellkartoffel
1/2 Bund Dill • 1 Salatgurke

◆ **Seite 112**
Roter Heringssalat
1 Rote-Bete-Knolle
200 g Kartoffeln • 1 mürber Apfel
1 Stück Gurke • 7 Walnüsse
4 Matjesfilets • 1/2 Bund Petersilie
2 EL Cremè fraîche • 125 g Joghurt

◆ **Seite 113**
Curryfisch mit gebratener Ananas
200 g Seezungenfilet
2 Schalotten • 150 ml Fischfond
2 Scheiben frische Ananas
2 EL saure Sahne
1 kleiner Kopfsalat

◆ **Seite 115**
Gefüllte Tomaten aus dem Ofen
2 EL Pinienkerne
2 mittelgroße Fleischtomaten
1 Suppengrün • 40 g Sahne
50 g Erbsen TK
35 g geriebener Greyerzer

◆ **Seite 115**
Ratatouille-Gratin
1 kleine Aubergine
1 kleiner Zucchini • 2 reife Tomaten
1 EL Tomatenmark
1/2 TL Sambal oelek
60 g Reibekäse (z. B. Greyerzer, Gouda oder Mozzarella)

◆ **Seite 116**
Gemüse-Raclette
1 Zucchini • 1/2 kleiner Blumenkohl
200 g Brokkoli • 100 g Spinat
1/2 kleine Ananas • 60 g Mais TK
80 g dünn geschnittener Rinderschinken • 200 g Raclettekäse

◆ **Seite 117**
Bauernsalat mit gebackenem Schafskäse
150 g Blumenkohl • 1 Salatherz
einige Blättchen Rucola
2 Tomaten • 100 g Gurke
5 Radieschen
1 Bund Salatkräuter (Schnittlauch, Petersilie, Borretsch, Sauerampfer)
40 g Schmand • 125 g Schafskäse
1 Eigelb • 2 EL Semmelbrösel

◆ **Seite 117**
Fruchtiger Käsesalat
1 kleiner Kopf Salat
1 Zweig Minze • 1 EL Pinienkerne
1 Apfel • 1/2 Bund Radieschen
10 grüne Trauben • 70 g Käse (z. B. Gouda, Fol Epi oder Emmentaler)
40 g Mais TK • 50 g Joghurt
50 ml naturreiner Apfelsaft

◆ **Seite 118**
Béchamelkartoffeln mit Schinken und Gemüse
200 g kleine Kartoffeln
30 g Rinderschinken
1/2 Bund Petersilie
50 g Erbsen TK • 100 g Möhren TK
1 EL feines Dinkelvollkornmehl
2 EL Sahne

◆ **Seite 119**
Rosmarinkartoffeln mit Dip zu Gemüsesticks
250 g kleine neue Kartoffeln
1 Zweig frischer Rosmarin
60 g saure Sahne • 150 g Joghurt
3 Stangen Staudensellerie
2 Möhren • 1 gelbe Paprikaschote
150 g Salatgurke

◆ **Seite 119**
Kartoffel-Käse-Gratin
200 g Kartoffeln • 60 g Sahne
150 g Möhren • 100 g Kohlrabi
50 g Erbsen
40 g geriebener Greyerzer

◆ **Seite 120**
Gratinierte Kartoffeln mit Spinat
2 Kartoffeln à 100 g
400 g frischer Spinat
125 g Mozzarella
1 EL Cremè fraîche

◆ **Seite 120**
Gebratenes Kümmelkraut mit Röstkartoffeln
200 g kleine Kartoffeln
300 g Weißkohl
1/2 Bund Schnittlauchröllchen
1 EL saure Sahne • 2 EL Joghurt

◆ **Seite 121**
Bratkartoffeln mit Apfelremoulade
200 g kleine Kartoffeln
1 mürber Apfel • 1 Gewürzgurke
2 Zweige Petersilie
1 EL Mayonnaise • 125 g Joghurt

◆ **Seite 121**
Gemüse-Kartoffel-Pfanne mit Schafskäse
1 rote Paprikaschote
80 g kleine Champignons
200 g fest kochende Kartoffeln (z. B. Linda, Selma oder Sieglinde)
2 Frühlingszwiebeln
1/2 kleines Bund Rucola
60 g Schafskäse

◆ **Seite 123**
Hausgemachte Vollkornspätzle mit Pfifferlingen
2 kleine Eigelbe
100 g feines Dinkelvollkornmehl
125 g Pfifferlinge (ersatzweise Austernpilze)
1/2 Bund Petersilie • 50 g Sahne

◆ **Seite 123**
Käsespätzle mit Rettichsalat
1 Rettich • 100 g Joghurt
1 EL Mayonnaise
80 g Vollkorn-Spätzle
1 Gemüsezwiebel
1–2 EL feines Weizenvollkornmehl
1/2 Bund Petersilie
40 g grob geriebener Käse (z. B. Emmentaler)

◆ **Seite 124**
Spaghetti mit Roquefort-Sahne
50 g Sahne • 40 g Roquefort
10 g Schmelzkäse
1 Messlöffel Biobin • 80 g Spaghetti
6 Kirschtomaten

◆ **Seite 124**
Reisnudeln in Möhren-Kokos-Sauce
1 EL Kokosraspeln
1 kleines Stück Ingwer (haselnussgroß) • 2 mittelgroße Möhren
100 ml ungesüßte Kokosmilch
1 TL gelbe Currypaste
60 g feine Reisnudeln

◆ **Seite 125**
Gratinierte Gemüsenudeln
1 Bund Suppengrün
50 g Erbsen TK
50 g geriebener Greyerzer
1 EL Pinienkerne
1 EL feines Dinkelvollkornmehl
2 EL Sahne
90 g schmale Vollkornbandnudeln

◆ **Seite 125**
Nudeln mit buntem Gemüse
80 g Nudeln (z. B. Hörnchennudeln)
1 Zucchini
je 1 rote und grüne Paprikaschote
3 EL Sahne
1 EL geriebener Parmesan

◆ **Seite 126**
Tagliatelle mit scharf-pikantem Pesto
3 Zweige Petersilie
1 TL Sesamsamen
1 EL Pinienkerne
1/2 TL Sambal Oelek
80 g Nudeln (z. B. Tagliatelle)
2 Fleischtomaten

◆ **Seite 127**
Süße Mohnnudeln mit Dattelsalat
100 g Sojacreme
1 EL Rosinen
1 EL gemahlener Mohn
80 g schmale Bandnudeln
1 TL Mandelblättchen
1 kleiner Kopfsalat
3 Datteln
2 EL saure Sahne

◆ **Seite 127**
Süß-scharfe Spaghetti mit Rosinensauce
1 EL Rosinen
1 kleines Bund Petersilie
1/2 rote Paprikaschote
80 g Spaghetti
1 EL Cashewkerne
1 TL Sambal Oelek

◆ **Seite 128**
Scharfes Paprika-Reis-Gratin
60 g Naturreis
1 Frühlingszwiebel
1 rote Paprikaschote
100 g Champignons
1 Chilischote
1/2–1 TL Sambal oelek
Kurkuma
40 g geriebener Greyerzer

◆ **Seite 128**
Safran-Pilz-Risotto
60 g Vollkorn-Rundreis
30 g getrocknete Mu-Err-Pilze
2 Stängel Koriander
100 g Erbsen TK
1 kleine rote Chilischote
1/2 Döschen Safran
1–2 EL Worcestersauce

◆ **Seite 129**
Gebratener Gemüsereis mit Cashewkerne
60 g Naturreis • 1 EL Cashewkerne
100 g Austernpilze
1 grüne Paprikaschote
1/2 TL gelbe Currypaste
1/2 TL Kurkuma
1–2 EL dunkle Sojasauce

◆ **Seite 129**
Apfelreis mit gerösteten Pinienkernen
2 EL Rosinen • 75 g Sahne
60 g Vollkorn-Milchreis
2 EL Pinienkerne
1 großer mürber Apfel
125 g Joghurt • 2 EL Crème fraîche
1 Eigelb

◆ **Seite 131**
Aprikosen-Bulgur-Salat mit Äpfel
3 getrocknete Aprikosen
1 EL Mandelblättchen
75 g Bulgur • 1 mürber Apfel
1 Fenchelknolle
1 kleines Stück Ingwer (haselnussgroß) • 2 EL Sojacreme

◆ **Seite 131**
Pikante Broccoli-Bulgur-Pfanne
1 EL Pinienkerne • 250 g Brokkoli
75 g Bulgur • 60 ml Kokosmilch
1/2 TL gelbe Currypaste
1 EL saure Sahne • 5 Kirschtomaten

◆ **Seite 132**
Gemüse-Couscous
80 g Couscous • 1 kleine Aubergine
1 kleine Zucchini
100 g Austernpilze

◆ **Seite 132**
Süß-Scharfes Hirsesautè mit Ingwer
60 g Hirse • 80 g Zuckerschoten
1 rote Paprikaschote
1 kleines Stück Ingwer (haselnussgroß)
50 g Erbsen TK
1/2 TL Sambal oelek
1 EL Sweet Chilisauce

◆ **Seite 133**
Gemüsekuchen vom Blech
375 g feines Dinkelvollkornmehl
1 Päck. Backpulver • 150 g Joghurt
100 g Crème fraîche
2 rote Paprikaschoten
1 TL Sambal oelek
1 Gemüsezwiebel
1 große Stange Lauch
200 g Champignons
250 g Mozzarella
50 g Oliven

◆ **Seite 133**
Pizza mit drei Käsesorten
25 g frische Hefe
200 g feines Dinkelvollkornmehl
1 rote Paprikaschote
25 g Emmentaler • 25 g Greyerzer
25 g Roquefort

◆ **Seite 134**
Erdbeer-Mascarpone-Sorbet
150 g Erdbeeren TK
1 EL Mascarpone

◆ **Seite 135**
Marmorierte Beerengrütze
1 Blatt Gelatine
250g gemischte rote Früchte
1 kleine Zimtstange
2 Gewürznelken • 50 g Sahne

◆ **Seite 135**
Ingwer-Orangen-Mousse
2 Blatt Gelatine
1 kleines Stück Ingwer (haselnussgroß) • 2 Orangen • 1 großes Eigelb
150 g Sahnequark
2 Melisseblättchen

◆ **Seite 136**
Limettencreme
1 Blatt Gelatine • 1 Limette
150 g Kefir • 50 g Sahne
2 Blättchen Zitronenmelisse

◆ **Seite 136**
Mandelhäufchen
100 g Korinthen • 100 g Sahne
100 g gehackte Mandeln
40 g feines Dinkelvollkornmehl
30 g Schokolade (70 % Kakaoanteil)

◆ **Seite 137**
Süße Heidelbeer-Schichtspeise
100 g Heidelbeeren (frisch oder TK)
150 g Joghurt

◆ **Seite 137**
Heidelbeer-Crêpes
50 g Heidelbeeren (frisch oder TK)
4 EL Quark (20 % Fett)
1 kleines Eigelb • 1 EL Sahne
2 EL feines Dinkel Vollkornmehl

◆ **Seite 139**
Apfelstreusel
70 g Rosinen
100 g Quark (20 % Fett)
1 TL Vanillepulver
1 TL Weinstein-Backpulver
320 g feines Dinkelvollkornmehl
3 mürbe Äpfel • 2 TL Zimtpulver

◆ **Seite 139**
Gewürzkuchen
320 g feines Dinkelvollkornmehl
1 Päckchen Weinstein-Backpulver
1 EL abgeriebene Zitronenschale, unbehandelt
2 Eigelbe • 150 g Quark (20 % Fett)
150 g Rosinen
100 g gehackte Mandeln
2 TL Kardamom • 2 TL Anis
20 g Ingwer • 5 Tropfen Rumaroma

◆ **Seite 140**
Kalter Früchtekefir
80 g TK-Früchte (z. B. Erdbeeren, Himbeeren, Heidelbeeren, Brombeeren)
200 ml Kefir

◆ **Seite 140**
Kokos-Bananen-Buttermilch
1/2 Banane • 1 Msp. Zimt
1 EL Kokosraspel
200 ml Buttermilch

◆ **Seite 141**
Himbeer-Eistee
1 l Früchtetee
150 g Himbeeren (frisch oder TK)

◆ **Seite141**
Orangen-Longdrink
2 Orangen • 2 Minzeblättchen
2 EL Wodka

dich. iss. schlank.

Literaturquellen

- ARD/W wie Wissen: Weg mit dem Speck – Sinn und Unsinn von Diäten. Sendung vom 21.04.2004
- Atkins, Robert: Die neue Atkins-Diät. Mosaik bei Goldmann 1999
- Elmadfa, Prof. Dr. Ibrahim, et al.: Die große GU Nährwert-Kalorien-Tabelle. Gräfe und Unzer 2003
- FOCUS 25/2004: Die Diät-Revolution. Das Geheimnis von Fett und Kohlenhydraten (S. 68–80)
- Hamm, Prof. Dr. Michael: Fit, gesund und schlank mit dem GLYX. Knaur Ratgeber 2003
- Ohne Autor: Kalorien mundgerecht. Umschau/Braus 2000
- Schmandke, Horst: Süß schmeckende Steviolglykosid-Derivate mit blutglucose- und blutdrucksenkender Wirkung. Ernährungs-Umschau 51 (2004), S. 455-458
- Vasey, Christopher: Das Säure-Basen-Gleichgewicht. Knaur Ratgeber 2003

Die Nährwerte bei den Rezepten wurden mit dem Programm EBIS Pro berechnet.

Bezugshinweise zu Basenpulver

Falls Sie Basenpulver in der Apotheke oder im Reformhaus nicht bekommen, erhalten Sie unter folgenden Internet-Adressen nähere Infos dazu:

Super Vital
www.super-vital.com

Basenpulver »Urbase 1 extra«
Laetitia Naturprodukte GmbH
www.bitterstern.de

Arbeitskreis seelische und körperliche Gesundheit
Ingeborg Oetinger
www.base-ist-leben.de

Bezugshinweise zu Stevia

Weitere Informationen zu Stevia und empfehlenswerte Bezugsadressen von Produkten auf Stevia-Basis können Sie im Internet unter folgenden Adressen finden:

El Compra, Naturwaren
In der Hohl 8, 56630 Kretz
Tel. 02632/946360
eMail: naturwaren@elcompra.de
Homepage: www.elcompra.de

Medherbs – Kräuter für Leib und Seele
Aunelstr. 70, 65199 Wiesbaden
Tel. 0611/8460015
eMail: bestellung@medherbs.de
Homepage: www.medherbs.de

Weitere Internet-Adresse:
www.freestevia.de

Wie Ursula Summ zur Trennkost kam ...

Ursula Summ wurde 1947 in Hofheim/Ts. geboren und kam als junge Frau über eigene Probleme mit Gewicht und Gesundheit 1978 zur Hayschen Trennkost. Zum ersten Mal fand sie wirkliche Hilfe und begann, diese Ernährung weiterzuentwickeln und ihre Erfahrungen anderen Menschen mitzugeben. Mit ihrer eigenen Trennkost-Diät ist sie seit über 25 Jahren erfolgreich, gibt Abnehmkurse und Seminare und hat bislang über vier Millionen Bücher verkauft. Ursula Summ lebt heute mit ihrer Familie in Spanien, von wo sie täglich Briefe und Anfragen aus der ganzen Welt beantwortet und an neuen Konzepten arbeitet.

Ihr persönlicher Kontakt zur Autorin

Gut essen – trotzdem Gewicht verlieren, mit der iss.dich.schlank.-Methode ist dies kein Problem. Ursula Summ, Bestseller-Autorin zahlreicher Trennkost-Bücher, entwickelte aus ihrer langjährigen Erfahrung mit Übergewichtigen ein überzeugend einfaches Abnehmprogramm. Mit der iss.dich. schlank.-Methode macht sie begreiflich, dass der Schlüssel zur Gewichtsabnahme nicht im Entsagen liegt, sondern im richtigen Essen. Fasten und Kalorienzählen sind hier tabu, stattdessen führt die richtige Strategie zum Erfolg.

Sie möchten abnehmen und suchen nach dem idealen Trainingsprogramm? Dann ist Ursula Summs 20-Stufen-Power-Plan genau das Richtige. Weitere kostenlose Informationen rund um das Abnehmen erhalten Sie bei:

Trennkost-Club Ursula Summ
Buzon N° 356, Calle Patricio Ferrandiz 40
E-03700 Denia/Alicante
Spanien

Tel. (00 34) 9 66 42 11 20
Fax (00 34) 9 65 78 47 15

Homepage: www.iss-dich-schlank-info.de
E-Mail: info@iss-dich-schlank-info.de

dich. iss. schlank.

Register

dich. iss. schlank.

Wichtiger Hinweis
Die im Buch veröffentlichten Ratschläge wurden von Verfasser und Verlag sorgfältig erarbeitet und geprüft. Eine Garantie kann dennoch nicht übernommen werden. Ebenso ist die Haftung des Verfassers bzw. des Verlages und seiner Beauftragten für Personen-, Sach- und Vermögensschäden ausgeschlossen.

Bitte besuchen Sie uns im Internet: **www.knaur-ratgeber.de**

Weitere Titel aus den Bereichen Gesundheit, Fitness und Wellness finden Sie im Internet unter **www.wohl-fit.de.**

Bibliografische Information Die Deutsche Bibliothek
Die Deutsche Bibliothek verzeichnet diese Publikation in der Deutschen Nationalbibliografie; detaillierte bibliografische Daten sind im Internet über http://dnb.ddb.de abrufbar.

Projektleitung: Kathrin Gritschneder
Redaktion: Annette Gillich
Korrektorat: Damla Özbay
Layout: Dorothee Rosemeier-Griesbeck
Personenfotos: Norbert Hellinger
Rezeptfotos: Brigitte Sporrer
Food-Styling: Julia Skowronek
Bildredaktion: Sylvie Busche (Ltg.), Margit Schultzke
Bildnachweis: Umschlagfoto: Norbert Hellinger
Fotos: StockFood/Kit Latham S. 11/FoodPhotography S. 14/Leigh Beisch S. 18 und 19/Klaus Arras S. 20, S. 71/Eising S. 44 und 45, S. 46/Molly Hunter S. 68 und 69/Harry Bischof S. 72.
Umschlagkonzeption: ZERO, München

Herstellung: Dagmar Guhl
Satz: Uhl + Massopust GmbH, Aalen
Reproduktion: Repro Ludwig, Zell am See
Druck und Bindung: Offizin Andersen Nexö Leipzig GmbH, Zwenkau

Printed in Germany

Gedruckt auf umweltfreundlich chlorfrei gebleichtem Papier.

ISBN-13: 978-3-426-64222-0
ISBN-10: 3-426-64222-1

5 4 3 2 1